Dr. Setondji Gilles Natachar GLELE

La foi chrétienne, enjeux et défis doctrinals

AF523357

Dr. Setondji Gilles Natachar GLELE

La foi chrétienne, enjeux et défis doctrinals

Éditions Croix du Salut

Imprint
Any brand names and product names mentioned in this book are subject to trademark, brand or patent protection and are trademarks or registered trademarks of their respective holders. The use of brand names, product names, common names, trade names, product descriptions etc. even without a particular marking in this work is in no way to be construed to mean that such names may be regarded as unrestricted in respect of trademark and brand protection legislation and could thus be used by anyone.

Cover image: www.ingimage.com

Publisher:
Éditions Croix du Salut
is a trademark of
Dodo Books Indian Ocean Ltd. and OmniScriptum S.R.L publishing group

120 High Road, East Finchley, London, N2 9ED, United Kingdom
Str. Armeneasca 28/1, office 1, Chisinau MD-2012, Republic of Moldova, Europe
Printed at: see last page
ISBN: 978-620-6-16852-2

Copyright © Dr. Setondji Gilles Natachar GLELE
Copyright © 2023 Dodo Books Indian Ocean Ltd. and OmniScriptum S.R.L publishing group

PREFACE

Je dédie ce livre à toute personne, quel que soit sa race ; son sexe ; sa nationalité ou ses convictions cultuelles et culturelles, nourrissant l'appétit d'élargir sa connaissance sur des sujets relatifs à la vérité biblique et est animée du désir curieux d'expérimenter la véritable liberté par le moyen de la connaissance de la vérité.

Je prie que le Saint-Esprit vous rencontre pendant que vous lisez ce livre. Qu'il comble votre attente et que vous ne soyez plus jamais la même personne après cette aventure littéraire.

Nous bénissons Dieu qui a souverainement élevé son Fils unique, notre seigneur et sauveur personnel, par qui nous recevons la grâce d'avoir part à l'héritage des saints dans la lumière ; l'Esprit de sagesse et de révélation dans sa connaissance par lequel, nous sommes scellés pour le jour de la rédemption.

Nous nous unissons à vous pour une marche objective et fructueuse à la découverte de la compréhension selon le cœur de Dieu sur les informations relatives à la foi chrétienne, face à la réalité des différents types de doctrines bibliques.

Pendant que j'écrivais ce livre, c'était comme si vous et moi, lors d'une balade, parlions face à face.

Je peux vous assurer que le contenu de ce livre est très efficace et éclaireur, de sorte qu'en le lisant simplement d'un bout à l'autre, le cœur ouvert et sincère, vous serez vraiment délivré de votre ignorance relative au cafouillage qui entoure les multiples interprétations que font objet les saintes écritures de nos jours.

Que vous soyez : Catholique ; protestant ; pentecôtiste ou ayant tout simplement la Bible en partage ;

Sachez que cet ouvrage vient à point nommé en réponse aux exigences des derniers temps que nous traversons dans la marche annonciatrice de l'œuvre du Seigneur Jésus Christ et de son avènement pour le festin royal des justes.

Nous profitons de l'occasion pour vous informer que les gens sont incontestablement semblables dans le monde. Ils vivent d'une manière ou d'une autre les mêmes réalités. Ils ont autant que vous, besoin de connaitre ; de comprendre et recherchent à tort ou à raison la même vérité.

C'est pourquoi les œuvres de cette édition, paraissent telle une denrée rare qu'il faudra à tout prix se procurer.

Sommaire :

Introduction

Nous bénissons le Dieu tout puissant, l'Eternel des armées, celui qui peut tout même au delà de nos attentes et espérances, à qui il a plu de nouveau, de nous faire la grâce d'être des plumes allouées à son service pour porter à la face du monde en général et les croyants en particulier sa définition de certains concepts bibliques dont la bonne compréhension reste nécessaire et essentielle pour l'évidence d'une vie relationnelle avec Dieu préservée de certaines irrégularités et instabilités généralement observées dans la gestion des affaires du ministère relatif à la profession de la foi.

C'est le lieu de souligner le privilège que traduit cette opportunité qui nous est gracieusement offerte d'être choisis comme des canaux mis à part par les soins de notre seigneur et sauveur Jésus-Christ pour des occasions comme celles-ci afin de servir au prolongement de bras de salut de l'Eternel au profit de ceux qui sont destinés à prendre part à l'héritage des saints dans la lumière.

Nous aurons à cet effet, le privilège de présenter au travers de cet ouvrage l'essentiel de ce qu'il y a lieu de savoir sur certains concepts bibliques comme le ministère ; la doctrine et en particulier les deux ministères et doctrines fondamentaux de la Bible en réponse aux multiples vents doctrinaux qui n'arrêtent de secouer les appelés du seigneur Jésus-Christ et les conduire dans de nouveaux liens d'esclavage au lieu de les libérer et les affranchir de la servitude mondaine et religieuse.

C'est pourquoi, nous ne menagerons aucun effort pour aller dans les détails de tout ce qui paraîtra nécessaire de savoir et qui est inspiré du Seigneur pour libérer les consciences toujours gardées captives de la grande ignorance relative aux conséquences de manque d'une connaissance solide et appuyée sur la vérité évangélique en ce qui concerne les doctrines et les directions divines pour l'exercice des différents types du ministère.

Nous nous occuperons aussi de tout ce qui paraîtrait utile et nécessaire à prendre en considération afin de présenter une image correcte et plus simplifiée des questions relatives à la sagesse requise et approuvée du Seigneur pour se sentir vraiment soulager dans l'exercice du ministère.

Il faut rappeler que cette étude ne résulte pas d'une quelconque sagesse dont nous nous estimons détenteurs par supériorité aux autres croyants, mais la grâce, oui, la grâce du Seigneur par privilège sur l'ignorance et sur les mauvaises interprétations qui occupent le rang des enseignants non éclairés qui pullulent un peu partout dans les cercles religieux et de surcroît, les milieux évangéliques.

C'est pourquoi nous promettons ne ménager aucun effort pour accomplir la noble tâche qui nous est assignée et bien sûr avec l'aide incontournable et indispensable du Saint-Esprit, la personne de Dieu, disposant de telle habilité et compétence en la matière afin que toute la gloire puisse revenir à sa majesté, le maître et directeur du ministère évangélique, notre seigneur et sauveur Jésus-Christ qui est béni éternellement.

Chapitre : 1

Définitions diverses

Ministère :

Il faut entendre par ministère selon le contexte biblique, l'ensemble des pratiques ; des services ; des compétences intellectuelles et artistiques objectivement définis et légalement approuvés par les soins de l'Eternel Dieu, au profit et bénéfice des humains.

Dans ce cas précis, il sera qualifié tant de sacerdoce ou du service divin et va varier d'une période de croissance spirituelle des humains dans leur relation avec Dieu à une autre.

Tout son fonctionnement tourne autour de l'alliance de manière à engager deux ou plusieurs parties dans un contrat spirituel.

Enfin, il faut considérer le ministère comme un art lequel pouvait évoluer en fonction du domaine d'activité.

Doctrine :

Il faut entendre par doctrine un ensemble de concepts idéologiques et intellectuels destinés à la transmission du savoir et la définition d'un type ou modèle de personnalité donnée.

Elle revêt aussi un caractère spirituel et dans le cas d'espèce, est basée sur des enseignements précis et parfois des principes et pratiques ritualistes susceptibles de conduire les croyants à la satisfaction de leurs soifs relatives à la connaissance de Dieu.

Chapitre : 2

Généralité biblique sur le ministère et la doctrine.

Nous commençons le deuxième chapitre de notre étude laquelle concerne la généralité sur le ministère et la doctrine de manière distincte afin de permettre à nos lecteurs d'avoir un regard plus éclairé sur chacun des deux termes lesquels restent tant bien que mal, très importants, voir nécéssaires en tant que connaissance et clé en réponse à la multitude des informations qui pullulent un peu partout dans les différents milieux de vie de la croyance biblique.

Cependant, il convient de relever le caractère plus ou moins inséparable des deux termes lorsqu'on considère leur ensemble comme l'art de véhiculer une pensée ou un concept idéologique.

Pour ce qui concerne le cas du ministère, et plus précisément dans le contexte biblique, il était entré pour la première fois dans le quotidien cultuel et culturel des croyants au lendemain de la sortie du peuple de Dieu de la captivité égyptienne et précisément après que la loi ait été promulguée et remise à leur soin par le biais du serviteur de l'Eternel, le prophète Moïse.

Cet état de chose révèle son caractère institutionnel et légal de sorte qu'il ne peut y avoir un ministère sans une base légale et juridique, d'où la nécessité de la promulgation de celle-ci avant toute éventuelle Institution du ministère.

Il faut souligner que le ministère est terrestre et non céleste et s'exerce d'après des règles précédemment bien détaillées et bien définies et appelle à de la technicité et de la compétence, ce qui confirme son caractère artistique.

On pouvait dénombrer d'après les saintes écritures, deux types de ministères dont l'angélique communément appelé celui des anges et le ministère de L'Esprit ou de la réconciliation et tous deux restent opérationnels sur la terre et destinés pour le salut des humains, même si le commandement provenait du Ciel.

Le ministère angélique sera le premier à être révélé aux humains c'est à dire les croyants, et placé sous le commandement humain du prophète Moïse en qualité de directeur général par délégation puisqu'il s'agit de l'administration de Dieu, conçue et mise à exécution par son bras souverain et par une sagesse révélée à un degré de connaissance et à la limite du niveau de conscience de l'homme qui était dans un état de péché.

C'est le lieu de rappeler que ce ministère avait été institutionnalisé en réponse à l'état de corruption découvert par l'homme au moyen de sa connaissance du péché et ainsi, séparé de Dieu son créateur.

L'homme sera déclaré déconnecter de Dieu donc mort dans l'esprit et incapable de se maintenir dans sa sainte et glorieuse présence.

C'est pourquoi l'Eternel Dieu, en fonction de la place qu'il accordait à l'homme dans son projet à l'endroit la terre et de son nouveau plan du rachat de ce dernier qui va lui nécessiter encore du temps et des étapes à prendre en considération, allait initier ce ministère placé sous l'autorité des anges et la médiation de la loi dans la figure humaine du prophète Moïse en vue du projet de la restauration ou du salut longuement préparé au bénéfice de l'humanité toute entière.

On parlera plus tard du ministère de la mort ou de la condamnation.

Ministère de la mort parce que exercé par ceux qui étaient spirituellement considérés comme morts à cause du péché et demeurés sous la malédiction de la loi par le moyen de la condamnation.

Réf bibliques : 2 Corinthiens : 3 V 7 - 9.

Or, si le ministère de la mort, gravé avec des lettres sur des pierres, a été glorieux , au point que les fils d'Israël ne pouvaient fixer les regards sur le visage de Moïse, à cause de la gloire de son visage, bien que cette gloire fût passagère...

Si le ministère de la condamnation a été glorieux...

Le ministère est exercé par une compétence humaine appelée ministre et pouvait varier d'un domaine d'activité spécifique à un autre, et dans le cas de sa première figure d'opération était réservé aux descendants de l'une des douze tribus d'Israël dont celle de Lévi, et de laquelle, le prophète Moïse aussi est descendu.

Réf bibliques : Exode : 2 V 1 - 2, 10 ; Nombres : 8 V 23 - 26.

Un homme de la maison de Lévi avait pris pour femme une fille de Lévi.

Cette femme devint enceinte et enfanta un fils. Elle vit qu'il était beau, et elle le cacha pendant trois mois.

Quand il eut grandi, elle l'amena à la fille de Pharaon, et il fut pour elle comme un fils. Elle lui donna le nom de Moïse, car, dit-elle, je l'ai retiré des eaux.

L'Eternel parla à Moïse, et dit : Voici ce qui concerne les lévites.

Depuis l'âge de vingt-cinq ans et au-dessus, tout lévite entrera au service de la tente d'assignation pour exercer une fonction.

Depuis l'âge de cinquante ans, il sortira de fonction, et ne servira plus.

Il aidera ses frères dans la tente d'assignation, pour garder ce qui est remis à leurs soins ; mais il ne fera plus de service. Tu agiras ainsi à l'égard des lévites pour ce qui concerne leurs fonctions.

Ainsi, du contenu de ces quelques versets ci-dessus, nous notons l'appartenance du prophète Moïse à la tribu de Lévi et la déclaration consacrale de tous les descendants de ladite tribu comme acquis divin à la cause du service de l'autel encore appelé service à la tente d'assignation, laquelle était la représentation matérielle et physique d'adoration de Dieu sur la terre.

Ce type d'adoration ou ministère, à l'époque devra nécessiter l'implication d'un tabernacle lequel sera construit sous la supervision administrative du prophète Moïse et d'après les instructions précises reçues de la part de Dieu. Et ce sera autour de ce jet d'oeuvre structurel que s'organisera le culte des pécheurs en l'honneur du Dieu très saint, juste et parfait.

Réf bibliques : Hébreux : 8 V 5.

Puisque là sont ceux qui présentent les offrandes selon la loi.

Lesquels célèbrent un culte, image et ombre des choses célestes, selon que Moïse en fut divinement averti lorsqu'il allait construire le tabernacle : Aie soin, lui fut-il dît, de faire tout d'après le modèle qui t'a été montré sur la montagne.

Et le contenu des versets ci-dessus traduit l'expression de ce qui devrait-être fait à cette époque pour permettre à l'Eternel Dieu d'entretenir une relation avec ce peuple captif du péché et celà dans la perspective de le préserver de l'anéantissement total de la race humaine, en attendant la manifestation du plan du salut de l'homme, et le premier ministère divin était déjà opérationnel.

Mais lorsque les temps seront accomplis, un nouveau modèle de ministère allait trouver le jour par un processus de réformation de l'ancien et n'aura absolument rien de commun avec ce dernier.

On parlera du ministère de L'Esprit et fonctionnera par un nouveau type d'adorateur et cela, conformément à la demande de Dieu dans la perspective d'une relation saine et juste avec l'homme délivré du péché et racheté pour la justice selon la convenance de Dieu.

Réf bibliques : Jean : 4 V 21 - 24.

Femme, lui dit Jésus, crois-moi, l'heure vient où ce ne sera ni sur cette montagne ni à Jérusalem que vous adorerez le Père.

Vous adorez ce que vous ne connaissez pas ; nous adorons ce que nous connaissons, car le salut vient des juifs.

Mais l'heure vient, et elle est déjà venue, où les vrais adorateurs adoreront le Père en esprit et en vérité ; car ce sont là les adorateurs que le Père demande.

Dieu est Esprit, et il faut que ceux qui l'adorent, l'adorent en esprit et en vérité.

Ainsi, du contenu des versets ci-dessus, nous pouvons découvrir les premiers signes annonciateurs du nouveau ou deuxième ministère de Dieu lequel sera placé sous l'autorité souveraine et administrative du seigneur et sauveur Jésus-Christ.

Il faut souligner qu'il y a à ce sujet, nombre d'éléments liés à ce ministère à fournir comme détails lesquels paraissent parfois difficiles à la compréhension de plusieurs à cause de leur niveau très bas de la croyance spirituelle, encore qu'il s'agit ici, de l'adoration selon l'esprit et non plus selon la chair lequel était destiné à cette époque à l'homme charnel par sa connaissance du péché.

Nous n'allons pas tout de suite nous attarder sur les doctrines des deux ministères puisqu'il y aura d'autres chapitres de notre étude qui en feront exigence, et en cela, reste important de savoir qu'à chaque ministère correspond aussi une doctrine sans laquelle ce dernier reste mort et inoperationnel.

Ainsi la doctrine devra être considérée comme l'essence du ministère, et l'esprit qui le fait mouvoir pour toute éventuelle utilité.

Mais avant de fermer cette page de notre développement, il nous revient de rappeler que les saintes écritures ne se limitent pas à deux ministères et doctrines exclusifs, mais on peut encore découvrir la doctrine des démons ou de Satan ; la doctrine des hommes pour ne citer que celles-là, auxquelles s'ajoutent aussi leurs ministères respectifs. Toutefois, cela ne fera pas objet de notre préoccupation durant ce travail afin d'éviter à nos lecteurs, les croyants de niveau encore amoindri, d'être confrontés à la réalité de la confusion intellectuelle.

Chapitre : 3

Origine biblique sur le ministère et la doctrine.

Ce chapitre de notre étude nous occupera à informer nos lecteurs sur ce qu'il importe de savoir sur l'origine biblique du ministère et la doctrine toujours dans le but de les équiper et les enrichir spirituellement pour la cause et la défense de l'Evangile.

Et sur ce point, nous n'allons pas pouvoir aborder des points relatifs à l'origine biblique sans se référer au livre de genèse lequel reste incontournable pour une telle aventure, sauf que dans ce cas précis, il sera objectivement normal de commencer par la doctrine avant le ministère.

On notera en conséquence ce qui suit :

Réf bibliques : Genèse : 2 V 16 - 17.

L'Eternel Dieu donna cet ordre à l'homme : Tu pourras manger de tous les arbres du jardin ;

Mais tu ne mangeras pas de l'arbre de la connaissance du bien et du mal, car le jour où tu en mangeras, tu mourras.

Ainsi, se présente le contenu des versets ci-dessus, lesquels offrent plusieurs dimensions de révélations de Dieu dont quelques unes seront à présent mises à profit pour le bonheur des croyants en général et de nos lecteurs en particulier.

Pour le petit détail, il faut commencer par rappeler que ce contenu, loin d'être de simples instructions divines à l'endroit de l'homme objectivement placé à l'intérieur du jardin d'Eden, traduisait la personnalité formelle et complète de Dieu laquelle sera plutard révélée comme les lois ou la loi de Dieu.

On distinguera, la loi de la liberté ou la grâce qualifiée de la doctrine de la foi ; de la justice, de L'Esprit ou la vérité et la loi de l'interdit communément appelée la loi ou la doctrine de la chair ou du mensonge.

L'homme Adam, étant le premier homme créé par Dieu et objectivement placé à l'intérieur du jardin d'Eden devra disposer de ces informations traduisant la personnalité de son maître et compagnon d'oeuvre au regard des projets de ce dernier à l'endroit de la terre.

Cet aspect des choses s'impose comme connaissance en ce qu'il donne de comprendre que chaque doctrine biblique répose non seulement sur une loi divine mais la traduise également pour garantir la relation de Dieu avec l'homme en prévention des vents d'opposition auxquels l'homme était appelé à se confronter au cours de sa marche sur la terre.

Voila pourquoi, la connaissance simplifiée de la loi reviendra au devant de l'homme qui bénéficie du choix de l'Eternel Dieu pour la poursuite de son ministère à travers les mains de l'homme.

Réf bibliques : Josué : 1 V 8 ; Romains : 10 V 5.

Que ce livre de la loi ne s'éloigne point de ta bouche ; médite-le jour et nuit, pour agir fidèlement selon tout ce qui y est écrit ; car c'est alors que tu auras du succès dans tes entreprises, c'est alors que tu réussiras.

En effet, Moïse définit ainsi la justice qui vient de la loi : L'homme qui mettra ces choses en pratique, vivra par elles.

Ainsi, du contenu des versets ci-dessus, nous pouvons remarquer le retour continuel de la loi au-devant de l'homme et en particulier du serviteur comme élément intellectuel indispensable pour lui assurer une bonne collaboration avec Dieu son maître et son employeur.

Cela devient encore plus évident, lorsqu'on considère que chaque doctrine correspond à une sagesse divine avec pour principal caractère, l'enseignement un peu comme la régulation pour celui du ministère.

Ainsi, chaque doctrine en tant que sagesse divine revêt en premier lieu le caractère enseignant dans le but de conduire les croyants à la découverte d'une personnalité ou d'un modèle de personnage donné pour sa relation avec Dieu.

On pouvait à cet effet noter ce qui suit :

Réf bibliques : Actes : 15 V 21 ; Galates : 3 V 24 - 25 ; Tite : 2 V 11 - 12.

Car depuis bien des générations, Moïse a dans chaque ville des gens qui le prêchent, puisqu'on le lit tous les jours de sabbat dans les synagogues.

Ainsi, la loi a été comme un pédagogue pour nous conduire à Christ, afin que nous fussions justifiés par la foi.

La foi étant venue, nous ne sommes plus sous ce pédagogue.

Car la grâce de Dieu, source de salut pour tous les hommes, a été manifestée.

Elle nous enseigne à renoncer à l'impiété et aux convoitises mondaines, et à vivre dans le siècle présent selon la sagesse, la justice et la piété.

Ainsi ce présente le contenu des versets ci-dessus lesquels confirment le caractère enseignant de la doctrine pour le bien des croyants.

Cependant, il convient de noter que la doctrine ne sera d'aucune utilité sans l'implication du ministère lequel correspond à l'instrument pour conduire ou faire passer la doctrine.

Il faut rappeler à l'occasion que le ministère est structurel et modérateur et appelle à des compétences tant bien enseignantes que techniques, et c'est le lieu pour nous d'aborder l'aspect originel du ministère d'après les saintes écritures.

Réf bibliques : Genèses : 20 V 12 - 13.

Il arriva dans un lieu où il passa la nuit ; car le soleil était couché. Il y prit une pierre, dont il fit son chevet, et il se coucha dans ce lieu-là.

Il eut un songe. Et voici, une échelle était appuyée sur la terre, et son sommet touchait au ciel.

Et voici, les anges de Dieu montaient et descendaient par cette échelle.

Et voici, l'Eternel se tenait au-dessus d'elle ; et il dit : Je suis l'Eternel, le Dieu d'Abraham, ton père, et le Dieu d'Isaac. La terre sur laquelle tu es couché, je la donnerai à toi et à ta postérité.

Ainsi, se présente le contenu des versets ci-dessus lequel n'est que juste l'extrait d'une histoire concernant la vie de Jacob, fils d'Isaac, fils d'Abraham, et frère jumeau d'Esaü.

Il devra se retrouver dans une situation particulière liée à sa destinée au cours de laquelle il devra passer la nuit quelque part parce que surpris par le déclin du jour.

Alors qu'il s'offrait un repos de sommeil le temps de se relancer dans son aventure, il eut une vision dans laquelle apparaîtra une image, l'une des rares citées par les saintes écritures et ce sera l'échelle.

On notera une échelle qui reliait le ciel à la terre de manière à ce que les deux extrémités étaient respectivement occupées par le Seigneur et l'homme en la personne de Jacob et qui servait de moyen de déplacement aux anges qui montaient et descendaient à tour de rôle.

Ce qu'il convient en premier lieu de noter sur cette image d'échelle est son rôle à servir de moyen de déplacement aux anges lesquels étaient commissionnés par Dieu pour offrir des services à la terre et à ceux qui y habitaient.

En second lieu, il revient de constater que la constitution de toute échelle nécessite deux principaux supports séparés l'un de l'autre et fixant la même direction.

Il est notoire que les deux supports devraient être reliés l'un à l'autre par des marches d'escaliers lesquelles servent de pause-pieds pour la montée et la descente des utilisateurs.

Il peut arriver qu'une échelle varie d'un état particulier à un autre pour ce qui regarde la qualité du matériel utilisé, voir même le nombre de marches d'escaliers qui la composent toutefois, reste standard pour ce qui concerne les deux principaux supports et cela en fonction de la taille ou la hauteur pour laquelle elle est sollicitée.

Ainsi ces deux supports réunis dans leurs rôles et fonctions représentent les deux principaux ministères divins qui seront révélés plutard sous forme de sacerdoce dans le cadre relationnel du salut de Dieu au profit des humains.

Nous avons beaucoup de choses à dire à ce sujet toutefois avec des points parfois difficiles d'accessibilité et de compréhension aux grands nombres des croyants qui souffrent dangereusement de manque du Saint-Esprit, faute de la connaissance de l'Evangile.

Ainsi, nous avons la doctrine et le ministère respectivement identifiés à travers les instructions divines données à l'homme à l'intérieur du jardin d'Eden et l'échelle qui allait servir de moyen de déplacement aux anges qui faisaient le tour entre le ciel et la terre. Il faut ajouter que ces deux éléments restent inséparables et se complètent pour l'atteinte des objectifs que Dieu s'est lui-même donnés pour les mettre à exécution aux temps respectifs fixés.

Et ce sera ainsi la fin du développement de notre chapitre relatif à l'origine biblique sur le ministère et la doctrine.

Chapitre : 4

Différents types de ministères et doctrines bibliques.

Il faut attendre par différents types de ministères et doctrines bibliques, tout ce que les saintes écritures nous offrent en fonction de la variété de la sagesse divine laquelle n'est pas limitative mais au delà de nos différents niveaux d'appréhension et de compréhension des sujets que regorgent la bible et qu'elle nous met à disposition.

Ceci étant, nous pouvons dégager officiellement deux différents types de ministères et doctrines des saintes écritures autour desquels tournent toutes les formes de relations que l'Eternel Dieu a eu et continue d'entretenir avec les humains et particulièrement les croyants.

Mais avant de continuer, il serait bienséant de rappeler qu'à chaque ministère est rattachée une doctrine pour son exercice et la cause de son existence, voilà pourquoi nous emploierons plus la terminologie doctrine pour désigner à la fois le ministère et la doctrine dans les différentes phases de développement de ce chapitre tout en rappelant que toute doctrine a pour but et objectif de conduire les observants ou le croyant à l'acquisition du salut.

A cet effet nous commençons par présenter les deux principales doctrines bibliques qui sont d'ailleurs de Dieu et qui se traduisent en premier lieu par la doctrine du prophète Moïse et celle du seigneur et sauveur Jésus-Christ avant d'y ajouter les non-inspirées.

La doctrine mosaïque ou le judaïsme ou encore la loi.

Ainsi pour ce qui concerne le cas de la doctrine du prophète Moïse communément appelée loi ou la doctrine mosaïque, on notera ce qui suit :

<u>Réf bibliques : Actes : 15 V 21 ; Romains : 10 V 5 ; Colossiens : 2 V 16 - 23.</u>

Car, depuis bien des générations, Moïse a dans chaque ville des gens qui le prêchent, puisqu'on le lit tous les jours de sabbat dans les synagogues.

En effet, Moïse définit ainsi la justice qui vient de la loi : L'homme qui mettra ces choses en pratique vivra par elles.

Que personne donc ne vous juge au sujet du manger ou du boire, ou au sujet d'une fête , d'une nouvelle lune, ou des sabbats.

C'est l'ombre des choses à venir, mais le corps est en Christ.

Qu'aucun homme, sous une apparence d'humilité et par un culte des anges, ne vous ravisse à son gré le prix de la course, tandis qu'il s'abandonne à ses visions et qu'il est enflé d'un vain orgueil par ses pensées charnelles.

Sans s'attacher au chef, dont tout le corps, assisté et solidement assemblé par des jointures et des liens, tire l'accroissement que Dieu donne.

Si vous êtes morts avec Christ aux rudiments du monde, pourquoi, comme si vous viviez dans le monde, vous impose-t-on ces prétextes :

Ne prends pas ! Ne goûte pas ! Ne touche pas !

Ils ont, à la vérité, une apparence de sagesse, en ce qu'ils indiquent un culte volontaire de l'humanité, et le mépris du corps, mais ils sont sans aucun mérite et contribuent à la satisfaction de la chair.

Ainsi se présente le contenu de ces quelques versets ci-dessus dont la description se présente comme suit :

Il sera constaté en premier lieu que la doctrine mosaïque allait asseoir son règne et son pouvoir sur les croyants au point que seul le nom du prophète finira par la designer, puisque les saintes écritures nous informeront que Moïse, avait des gens qui l'enseignaient dans les synagogues chaque jour de sabbat.

Mais la suite des versets nous permettra d'avoir quelques détails sur ce qu'il importe de connaître de cette doctrine au point même de mieux la statuer en tant que culte des anges.

Cette doctrine laquelle est la première biblique, pouvait faire objet d'autres qualifications un peu comme : la loi, la repentance ou encore le péché, et les versets ci-dessous, nous éclairciront davantage.

Réf bibliques : Mathieu : 3 V 1 - 3 ; 1 Timothée : 1 V 7 - 10 ; Hébreux : 9 V 26.

En ce temps-là parut Jean-Baptiste, prêchant dans le désert de Judée.

Il disait : Repentez-vous, car le royaume des cieux est proche.

Jean est celui qui avait été annoncé par Esaïe, le prophète, lorsqu'il dit : C'est ici la voix de celui qui crie dans le désert ;

Préparez le chemin du Seigneur,

Aplanissez ses sentiers.

Ils veulent être docteurs de la loi, et ils ne comprennent ni ce qu'ils disent, ni ce qu'ils affirment.

Nous n'ignorons pas que la loi est bonne, pourvu qu'on en fasse un usage légitime.

Sachant bien que la loi n'est pas faite pour les justes, mais pour les méchants et les rebelles, les impies et les pécheurs, les irréligieux et les profanes, les parracides, les meurtriers.

Les impudiques, les infâmes, les voleurs d'hommes, les menteurs, les parjures, et tout ce qui est contraire à la saine doctrine...

Autrement, il aurait fallu qu'il eût souffert plusieurs fois depuis la création du monde, tandis que maintenant, à la fin des siècles, il a paru une seule fois pour abolir le péché par son sacrifice.

Ainsi par ces versets ci-dessus, nous pouvons nous imprégner davantage d'autres contours de la doctrine mosaïque laquelle pouvait être qualifiée de la doctrine de la repentance avec preuve le cas du prophète Jean Baptiste ; la loi et encore le péché que le seigneur Jésus viendra abolir par l'instauration d'une nouvelle doctrine que nous allons aborder dans la suite.

Elle pouvait encore bénéficier de plein d'éléments pouvant contribuer à élargir notre champ de développement toutefois, ce ne sera que sur ces quelques détails que nous allons nous arrêter et mettre un terme à ce travail sur la doctrine mosaïque.

La doctrine de Jésus-Christ ou la grâce ou encore la foi.

A présent, le cas de la doctrine de Jésus-Christ ou de la justice ou encore de la foi et sera la deuxième principale doctrine de la Bible.

Il faut rajouter que cette doctrine sera aussi qualifiée de celle de la réconciliation et tournera autour de l'œuvre de la rédemption ou de la croix du seigneur Jésus au profit des humains.

On notera ce qui suit :

Réf bibliques : Romains : 10 V 6 - 10 ; 2 Corinthiens : 5 V 19 ; Galates : 5 V 4.

Mais voici comment parle la justice qui vient de la foi : Ne dis pas en ton cœur : Qui montera au ciel ? C'est en faire descendre Christ.

Ou : qui descendra dans l'abîme ? C'est faire remonter Christ d'entre les morts.

Que dit-elle donc ? La parole est près de toi, dans ta bouche et dans ton cœur. Or c'est la parole de la foi, que nous prêchons.

Si tu confesses de ta bouche le seigneur Jésus, et si tu crois dans ton cœur que Dieu l'a ressuscité des morts, tu seras sauvé.

Car c'est en croyant du cœur qu'on parvient à la justice, et c'est en confessant de la bouche qu'on parvient au salut, selon ce que dit l'écriture.

Car Dieu était en Christ, réconciliant le monde avec lui-même, en n'imputant point aux hommes leurs offenses, et il a mis en nous la parole de la réconciliation.

Vous êtes séparés de Christ, vous tous qui cherchez la justification dans la loi ; vous êtes déchus de la grâce.

Ainsi, par ces quelques notes tirés des versets ci-dessus, nous pouvons aisément nous faire une petite idée de ce qu'on pouvait déjà comprendre à partir de cette doctrine exclusivement réservée pour ceux qui ont rejeté leur propre sagesse pour embrasser la vérité de Dieu à travers son Fils unique, son agneau sans tâches, livré à la mort sur l'autel de la croix ; enseveli et ressuscité le troisième jour après sa mort pour la justification de tout pécheur ayant placé sa foi en cette puissante œuvre à caractère unique et incommensurable.

On parlera de l'Evangile de Dieu et les versets suivants nous serviront de grandes utilités pour enrichir notre développement.

Réf bibliques : 1 Corinthiens : 1 V 17 ; 2 V 6 - 8 ; Galates : 1 V 11 - 12.

Ce n'est pas pour baptiser que Christ m'a envoyé, c'est pour annoncer l'Evangile, et cela sans la sagesse du langage, afin que la croix de Christ ne soit rendue vaine.

Cependant, c'est une sagesse que nous prêchons parmi les parfaits, sagesse qui n'est pas de ce siècle, ni des chefs de ce siècle, qui vont être anéantis.

Nous prêchons la sagesse de Dieu, mystérieuse et cachée, que Dieu avant les siècles, avait destinée pour notre gloire.

Sagesse qu'aucun des chefs de ce siècle n'a connu, car s'ils l'eussent connue, ils n'auraient pas crucifié le seigneur de gloire.

Je vous déclare, frères, que l'Evangile qui vous a été annoncé par moi n'est pas de l'homme ;

Car je ne l'ai ni reçu ni appris d'un homme, mais par une révélation de Jésus-Christ.

Ainsi se présente le contenu des versets ci-dessus, lesquels nous informent sur les détails évangéliques de cette doctrine sur laquelle nous sommes en train de travailler.

Il faut souligner que cette doctrine aura tendance à s'opposer par application à la précédente et en considération de ce qu'elle sera d'ailleurs encore qualifiée de justice ou de vérité.

Elle sera en conséquence qualifiée de justice parce que destinée à offrir aux croyants la justice de Dieu par le moyen de la réconciliation, et de vérité parce qu'elle allait se révéler seule capable de libérer et d'affranchir la conscience du croyant de la culpabilité du diable et de la captivité du péché.

Réf bibliques : Esaïe : 53 V 10 - 11 ; Jean : 8 V 30 - 32 ; 14 V 5 - 6.

Il a plu à l'Eternel de le briser par la souffrance...

Après avoir livré sa vie en sacrifice pour le péché, il verra une postérité et prolongera ses jours ;

Et l'œuvre de l'Eternel prospérera entre ses mains. A cause du travail de son âme, il rassasiera ses regards ;

Par sa connaissance, mon serviteur juste justifiera beaucoup d'hommes, et il se chargera de leurs iniquités.

Comme Jésus parlait ainsi, plusieurs crurent en lui. Et il dit aux juifs qui avaient cru lui : Si vous demeurez dans ma parole, vous êtes vraiment mes disciples ; vous connaîtrez la vérité, et la vérité vous affranchira.

Thomas lui dit : Seigneur, nous ne savons où tu vas ; comment pouvons-nous en savoir le chemin ?

Jésus lui dit : Je suis le chemin, la vérité et la vie. Nul ne vient au Père que par moi.

Ainsi, du contenu de ces versets ci-dessus, nous pouvons aisément accéder à de nouveaux détails sur cette doctrine dans son rôle de pourvoyeur de justice selon Dieu et la définition du mot vérité, non d'après la sagesse humaine mais de Dieu. Car le seigneur Jésus-Christ, le Fils unique de Dieu, livré en rançon pour le rachat des croyants pécheurs est la vérité de Dieu à la fois en tant que doctrine et serviteur par comparaison à tous les autres serviteurs enregistrés au ministère sacerdotal.

Il faut ajouter à ces précédents détails que cette doctrine est aussi qualifiée de grâce en ce qu'elle offre un caractère de secours complet pour le salut du croyant et n'exige de ce dernier, autre chose que la foi puisqu'il s'agira à cet effet, non d'un acte assorti d'une quelconque œuvre de mérite, mais plutôt d'un don.

Réf bibliques : Ephésiens : 2 V 4 - 5, 7 - 9 ;

Mais Dieu, qui est riche en miséricorde, à cause du grand amour dont il nous a aimés, nous qui étions morts par nos offenses, nous a rendus à la vie avec Christ, c'est par grâce que vous êtes sauvés.

Afin de montrer dans les siècles à venir l'infinie richesse de sa grâce par sa bonté envers nous en Jésus-Christ.

Car c'est par la grâce que vous êtes sauvés, par le moyen de la foi.

Et cela ne vient pas de vous, c'est le don de Dieu.

Ce n'est point par les œuvres, afin que personne ne se glorifie.

Ainsi ci-dessus en contenu, quelques éléments retraçant les caractères grâce et foi de cette doctrine sur laquelle nous sommes en train de travailler, et qui reste la deuxième principale en matière de doctrine de la Bible.

Il faut rappeler que ces quelques références dégagées des saintes écritures ne sont pas exhaustives, mais pouvaient se faire suivre de nouvelles, cependant, c'est sur elles que nous allons nous arrêter et poursuivre notre travail.

La doctrine des démons ou de la tricherie.

A présent, la doctrine des démons ou la tricherie, et il faut commencer par souligner qu'il s'agit ici du cas des doctrines non inspirées parce qu'elles ne sont pas spécifiquement mentionnées dans les saintes écritures cependant, restent bibliques et ce sera l'occasion pour plusieurs de nos lecteurs d'en découvrir quoique de très peu d'importance et d'utilité en matière de connaissance pour le salut de l'âme du croyant et dangereux par sa negligeance puisque l'ignorance pouvait tuer plus que du poison chimique.

Il faut souligner à l'occasion que cette doctrine est sous le contrôle exclusif du diable puisque c'est bel et bien de lui que dépende la coordination des anges déchus communément appelés démons.

Au regard donc de ces quelques dispositions, on pouvait commencer par noter ce qui suit :

Réf bibliques : Actes : 16 V 16 - 18 ; 2 Thessaloniciens : 2 V 4 - 10.

Comme nous allions au lieu de prière, une servante qui avait un esprit de python, et qui en devinant, procurait un grand profit à ses maîtres, vint au-devant de nous, et se mit à nous suivre, Paul et nous. Elle criait : Ces hommes sont les serviteurs du Dieu Très haut, et ils vous annoncent la voie du salut.

Elle fit cela pendant plusieurs jours, Paul fatigué se retourna, et dit à l'esprit : Je t'ordonne au nom de Jésus-Christ, de sortir d'elle.

Et il sortit à l'heure même.

Mais L'adversaire qui s'élève au-dessus de tout ce qu'on appelle Dieu ou de ce qu'on adore, jusqu'à s'asseoir dans le temple de Dieu, se proclamant lui-même Dieu.

Et maintenant vous savez ce qui le retient, afin qu'il ne paraisse qu'en son temps.

Car le mystère de l'iniquité agit déjà ; il faut seulement que celui qui le retient encore ait disparu.

Et alors paraîtra l'impie, que le Seigneur Jésus détruira par le souffle de sa bouche, et qu'il anéantira par l'éclat de son avènement.

L'apparition de cet impie se fera par la puissance de Satan, avec toutes sortes de miracles, de signes et de prodiges mensongers.

Et avec toutes les séductions de l'iniquité pour ceux qui périssent parce qu'ils n'ont pas reçu l'amour de la vie pour être sauvés.

Ainsi, se présente le contenu des versets ci-dessus lesquels traduisent en ramassé ce qu'il y a lieu de relever sur la doctrine des démons encore qualifiée de la tricherie.

Voilà pourquoi il est intéressant de rappeler que le diable du nom d'origine lucifer, n'a absolument rien créé de naturel quoique se réclamant de prince de ce monde sous le soleil.

Aucune doctrine biblique ne porte directement son nom toutefois, il va s'ériger en chef et maître des anges déchus communément appelés démons comme ses agents pour conduire à bien ses différents projets à objectif de détourner le cœur de l'homme de son Dieu pour s'assurer de sa ruine ou sa mort.

Réf bibliques : 2 Pierre : 2 V 4 ; Jude V 6.

Car, si Dieu n'a pas épargné les anges qui ont péché, mais s'il les a précipité dans les abîmes de ténèbres et les réserve pour le jugement...

Qu'il a réservé pour le jugement du grand jour, enchaînés éternellement par les ténèbres, les anges qui n'ont pas gardé leur dignité, mais qui ont abandonné leur propre demeure...

Ainsi du contenu ci-dessus, nous pouvons lire en quoi sera constitué l'armée du diable et qui ne sont que des anges déchus ayant opté pour la désobéissance à leur créateur, le Dieu Tout puissant pour avoir abandonné leur demeure pour suivre lucifer dans ses dérives ténébreuses.

Ils seront d'après le plan de Dieu réservés pour le jour du jugement, mais en attendant, ils se seraient donnés la mission de se lever contre tout ce qui est vertueux et digne d'approbation divine dans le prétentieux but de faire échouer les projets de Dieu envers les humains en général et les croyants en particulier.

Leur doctrine sera qualifiée de la tricherie lorsqu'on la considère aussi comme source des miracles ; des signes et prodiges et même des témoignages justes quoique de source malsaine comme ce fut le cas de la femme devinesse.que l'apôtre Paul avait délivrée.

En réalité il s'agira d'une doctrine purement basée sur la séduction et la tromperie par l'art de la manipulation de ce qui est vrai à des fins de fausseté et de destruction.

Et ce sera sur ces mots que nous mettons un terme à la doctrine des démons relevée par les saintes écritures.

La doctrine des hommes ou de la tradition.

Pour ce qui concerne la doctrine des hommes encore qualifiée de la tradition des hommes, il faut souligner qu'elle tire son origine des réalités de la société humaine et particulièrement des pratiques religieuses.

Il s'agira d'une doctrine provenant des habitudes forgées par des humains à partir des diverses connaissances qu'ils ont acquises dans le temps lesquelles avaient évolué d'une génération à une autre ; d'un peuple à un autre et d'une culture à une autre.

Cela allait prendre l'allure d'héritage à travers les pères pour les fils et tant que tel se transforme en divers modes de vie.

On notera ce qui suit :

Réf bibliques : Mathieu : 9 V 14 - 15 ; 15 V 1 - 3.

Alors les disciples de Jean vinrent auprès du seigneur Jésus, et dirent : Pourquoi nous et les pharisiens jeûnons-nous, tandis que tes disciples ne jeûnent point ?

Jésus leur répondit : Les amis de l'époux peuvent-ils s'affliger pendant que l'époux est avec eux ?

Les jours viendront où l'époux leur sera enlevé, et alors ils jeûneront.

Alors des pharisiens et des scribes vinrent de Jérusalem auprès de Jésus, et dirent :

Pourquoi tes disciples transgressent-ils la tradition des anciens ? Car ils ne se lavent pas les mains, quand ils prennent leurs repas.

Il leur répondit : Et vous, pourquoi transgressez-vous le commandement de Dieu au profit de votre tradition ?

Ainsi se présente le contenu des versets ci-dessus lesquels communiquent sur la réalité de la doctrine des hommes.

On notera la notion des habitudes et la défense de l'héritage des anciens dans la pratique quotidienne des peuples.

Il faut ajouter qu'il y a tant d'éléments susceptibles de renseigner sur cette doctrine et nous risquons de sortir de notre cadre de développement, si nous ne nous arrêtons pas tout de suite.

Et ce sera sur ces quelques notes d'information que nous allons mettre un terme à notre développement sur ce travail relatif à la doctrine des hommes.

Chapitre : 5

Le ministère et la doctrine approuvés du Seigneur.

Nous commençons le développement de ce chapitre de notre étude en rappelant que de toutes les différentes doctrines que nous offrent les saintes écritures et sur lesquelles nous avons travaillé dans le chapitre précédent, il n'y a que deux d'entre elles qui sont officielles et qui trouvent leurs existences des soins de l'Eternel Dieu lui-même. Et nous croyons avoir suffisamment fourni de détails sur elles.

Cependant, de ces deux doctrines officiellement pourvues par le Seigneur dans sa quête de relation avec les croyants, il n'y aura qu'une seule qui allait obtenir son approbation à la fin des temps et en cela qualifiée pour conduire le croyant à l'atteinte des objectifs fixés.

Qu'il nous souvienne que les deux doctrines officiellement établies par le Seigneur avaient trouvé leur origine par un seul acte déclaratif et qui avait fait surface à l'intérieur du jardin d'Eden, et cela avait occupé notre étude sur le chapitre relatif à l'origine du ministère et doctrine de la Bible.

Et nous ne nous efforcerons pas à nous référer à ces versets, la répétition étant pédagogique.

Réf bibliques : Genèses : 2 V 16 - 17.

L'Eternel Dieu donna cet ordre à l'homme : Tu pourras manger de tous les arbres du jardin ;

Mais tu ne mangeras pas de l'arbre de la connaissance du bien et du mal, car le jour où tu en mangeras, tu mourras.

Ainsi, se présente le contenu desdits versets lesquels constituent le fondement des deux lois divines ; les deux ministères et doctrines autour desquels tourne tout le contenu de la Bible, parce que traduisant la personnalité juste et parfaite du Dieu suprême.

Ce n'est pas le lieu de remonter encore dans l'historique des évènements sur lesquels nous croyons avoir déjà dit nombre de choses.

On aura la doctrine de la liberté qualifiée de justice ; de la vérité ou de la foi reposant sur la loi de la liberté ou la grâce, et celle de l'interdit qualifiée de mosaïque ; de la mort ; de la condamnation en encore du culte des anges et reposant sur la loi de l'interdit.

Il faut souligner à l'occasion que toutes les autres doctrines qualifiées de non inspirées et sur lesquelles nous avions précédemment travaillé, tirent leur existence de la première doctrine divine qualifiée de mosaïque ou le judaïsme et reposant sur la loi de l'interdit.

Et cela devra être ainsi parce que c'est qu'à la loi de l'interdit que l'homme a été confronté pour la première fois de sa vie alors qu'il était encore à l'intérieur du jardin d'Eden, non de son propre gré, mais sur l'incitation du diable dans le rôle de Satan c'est à dire, le séparateur.

Les choses devront évoluer de cette manière non parce que la loi de l'interdit correspondait au premier aspect des instructions divines données à l'homme, puisqu'elle était la deuxième cependant, était directement sujet aux sanctions pour son défaut d'observation et avait été aussi la cause de la chute de Lucifer de sa position céleste en tant qu'ange de lumière.

Il avait tiré de sa chute, une bonne note et compréhension du fonctionnement de cet aspect de la loi et en conséquence devra y conduire l'homme par séduction afin de s'assurer de l'induire en conflit avec Dieu, son créateur et son maître qui d'ailleurs l'avait placé à l'intérieur du jardin dans le but de le préparer pour des jours à venir.

Ce aspect de la loi ou cette loi devra être promulguée au temps du prophète Moïse pour servir de base doctrinale dans la relation des pécheurs que constitue le peuple d'Israël avec Dieu.

Ainsi elle deviendra la loi et la doctrine dont l'homme avait fait officiellement connaissance pour la première fois de sa vie relationnelle avec Dieu et sera en conséquence la source de toutes les nouvelles doctrines inventées par lui-même en fonction de ses jugements personnels et l'évolution de sa conscience de péché.

Et tout cela a été possible à cause des caractères, inflexible et intransigeant, sans miséricorde de cette loi et facilement manipulable par le malin pour réussir à corrompre l'homme en lui donnant la connaissance du péché.

On parlera plutard de l'homme du péché ou corrompu, contrôlé et soumis à la volonté du diable avec incapacité rationnelle de faire la volonté de Dieu et de lui obéir.

Sa propre sagesse le conduira à s'ériger en dieu conformément à la semence que le diable avait semée dans sa pensée, développer et définir ses orientations personnelles ce qui ouvrira porte à tout ce que nous ont présenté les saintes écritures comme doctrines non inspirées et qui avaient été détaillées dans le chapitre précédent.

Mais à l'opposé à cette première connaissance découverte par l'homme et qui avait occupée toute sa conscience et bâti sa personnalité malgré son désaccord avec son Dieu, apparaîtra à la fin des temps, une nouvelle loi et doctrine précédemment mentionnées sous les appellations, la loi de la liberté ou la grâce et la doctrine de la justice ou la foi.

Il faut rappeler qu'elles n'étaient pas les dernières en ordre existentiel mais plutôt institutionnel en réponse à la déclaration seigneuriale selon laquelle, les derniers seront les premiers et les premiers, les derniers.

Le seigneur Jésus, alors qu'il était dans l'exercice de sa mission terrestre allait tenter de persuader sans succès certains conservateurs de l'idéal religieux judaïque de cette époque sur ces sujets, et les versets suivants nous en diront plus :

Réf bibliques : Jean : 8 V 56 - 59

Abraham, votre père a tressailli de joie de ce qu'il verrait mon jour ; Il l'a vu, et il s'est réjoui.

Les juifs lui dirent : Tu n'as pas encore cinquante ans, et tu as vu Abraham ?

Jésus leur répondit : En vérité, en vérité, je vous le dis, avant qu'Abraham fût, je suis.

Là-dessus, ils prirent des pierres pour les jeter contre lui ; mais Jésus se cacha, et il sortit du temple.

Ainsi, du contenu des versets ci-dessus sera présenté le détail sur les échanges houleux entre le seigneur Jésus et les juifs qui à l'époque se réclamaient des adorateurs de Dieu sans la moindre révélations sur ce dernier.

En réalité, il cherchait par ses mots à les amener à l'identifier dans le premier aspect des instructions divines données à Adam et qui sera révélé comme la loi de la liberté ou la doctrine de la justice ou la foi que le diable sous la figure du serpent avait évité exprès pour conduire l'homme au second aspect pour s'assurer de la réussite de son projet, celui de faire tomber l'homme en le retournant contre le Dieu souverain.

Et c'était normal parce qu'ils étaient toujours sous l'emprise du péché et la domination du diable lesquelles seront vaincues que par l'œuvre de la rédemption du seigneur et sauveur Jésus-Christ.

Il faut rappeler qu'il ne s'agira pas du seul cas d'expérience de confrontation idéologique du seigneur Jésus avec les juifs, mais il y en a plusieurs d'autres même si nous jugeons inutile de chercher à tout énumérer au risque d'en faire des pages sans fin et cela demeure jusqu'à ce jour malgré l'œuvre accomplie pour conduire le pécheur à la connaissance de la justice de Dieu.

Mais pendant que cette connaissance doctrinale allait occasionner toutes les formes de dérives religieuses et humaines, ses limites à satisfaire les attentes de Dieu seront constatées et relevées, ce qui exigera du seigneur Dieu une réforme de remplacement ou de repositionnement structurel et institutionnel toujours dans le même cadre du salut de l'âme de l'homme en général et le croyant en particulier.

Réf bibliques : Galates : 3 V 13 ; 23 - 26.

Christ nous a racheté de la malédiction de la loi, étant devenu malédiction pour nous, car il est écrit : Maudit est quiconque est pendu au bois,

Afin que la bénédiction d'Abraham eût pour les païens son accomplissement en Jésus-Christ, et que nous reçussions par la foi L'Esprit qui avait été promis.

Avant que la foi ne vint, nous étions enfermés sous la garde de la loi, en vue de la foi qui devait être révélée.

Ainsi la loi a été comme un pédagogue pour nous conduire à Christ, afin que nous fussions justifiés par la foi.

La foi étant venue, nous ne sommes plus sous ce pédagogue.

Car vous êtes tous fils de Dieu par la foi en Jésus-Christ.

Ainsi, à partir du contenu des versets ci-dessus, nous découvrons en quelques points, une sorte de changement institutionnel dans la relation des croyants avec Dieu en vue d'une vie humaine supérieure au serviteur mais pour celle de fils et par ricochet, d'héritier de Dieu.

Et c'est ce que devient quiconque ayant entendu et accepté l'appel évangélique de Dieu par les soins de la prédication de la foi ou la grâce pour le salut des âmes.

Réf bibliques : Romains : 3 V 20 - 24

Car nul ne sera justifié devant Dieu par les œuvres de la loi, puisque c'est la loi que vient la connaissance du péché.

Mais maintenant, sans la loi est manifestée la justice de Dieu, à laquelle rendent témoignages la loi et les prophètes.

Justice de Dieu par la foi en Jésus-Christ pour tous ceux qui croient.

Il n'y a point de distinction.

Car tous ont péché et sont privés de la gloire de Dieu ;

Ils sont gratuitement justifiés par sa grâce, par le moyen de la rédemption qui est en Jésus-Christ.

A partir donc du contenu des versets ci-dessus, nous pouvons commencer par remarquer une sorte de comparaison entre les deux doctrines définies par les deux lois de manière à attirer l'attention et le regard du croyant par une nouvelle conscience d'adoration de Dieu reposée sur les valeurs relationnelles de l'une et seule d'entre elles.

Et ce sera la doctrine de la justice ou de la foi fondée sur la loi de la liberté ou la grâce de Dieu manifestée à travers l'œuvre de la rédemption du seigneur et sauveur Jésus-Christ.

Réf bibliques : Hébreux : 8 V 7 - 10 ; 2 Corinthiens : 5 V 21.

En effet, si la première alliance avait été sans défaut, il n'aurait pas été question de la remplacer par une seconde.

Car c'est avec l'expression d'un blâme que le Seigneur dit à Israël :

Voici, les jours viennent, dit le Seigneur, où je ferai avec la maison d'Israël et la maison de Juda, une alliance nouvelle,

Non comme l'alliance que je traitai avec leurs pères, le jour où je les saisis par la main pour les sortir du pays d'Egypte.

Car ils n'ont pas persévéré dans mon alliance, et moi aussi, je ne me suis pas soucié d'eux, dit le Seigneur.

Mais voici l'alliance que je ferai avec la maison d'Israël,

Après ces jours là, dit le Seigneur :

Je mettrai mes lois dans leur esprit,

Je les écrirai dans leurs cœurs ;

Et je serai leur Dieu,

Et ils seront mon peuple.

Celui qui n'a point connu le péché, il l'a fait devenir péché pour nous afin que nous devenions en lui, justice de Dieu.

Et en voici encore le contenu des versets ci-dessus par lesquels nous venons corroborer le travail dont nous avions commencer le développement depuis les premiers pages de ce chapitre et qui nous permettent d'informer par conclusion sur le ministère et la doctrine approuvée du Seigneur comme nous l'avions déjà souligné qu'il n'y a en réalité de différence entre le ministère, la doctrine et la loi, sinon que dans l'exercice et la conscience d'adoration du croyant envers Dieu seul à qui revient de droit l'honneur et la louange de toute la création au siècle des siècles, amen.

Il faut ajouter que cette doctrine dans son exercice est qualifiée du ministère ou la parole de la réconciliation signifiant que l'humanité entière était en divorce avec Dieu le créateur malgré le niveau de connaissance religieuse identifiant les uns comme des circoncis lesquels d'ailleurs se réclamant de Dieu comme le leur, et les autres pour des incirconcis et regardés comme des ennemis de Dieu et tous ensemble dans un état d'ignorance et d'aveuglement spirituel.

Réf bibliques : Jean : 4 V 22 - 24 ; 2 Corinthiennes : 5 V 18 - 19 ; Ephésiens : 2 V 11 - 14.

Vous adorez ce que vous ne connaissez pas ; nous, nous adorons ce que nous connaissons, car le salut vient des juifs.

Mais l'heure vient, et elle est déjà venue où les vrais adorateurs adoreront le Père en esprit et en vérité ; car ce sont là les adorateurs que le Père demande.

Dieu est Esprit, et il faut que ceux qui l'adorent, l'adorent en esprit et en vérité.

Et tout cela vient de Dieu, qui nous a réconciliés avec lui par Christ, et qui nous a donné le ministère de la réconciliation.

Car Dieu était en Christ, reconliant le monde avec lui-même, en n'imputant point aux hommes leurs offenses, et il a mis en nous la parole de la réconciliation.

C'est pourquoi, vous autrefois païens dans la chair, appelés incirconcis par ceux qu'on appelle circoncis et qui le sont en la chair par la main de l'homme,

Souvenez-vous que vous étiez en ce temps-là sans Christ, privés de droit de cité en Israël, étrangers aux alliances de la promesse, sans espérance et sans Dieu dans le monde.

Mais maintenant, en Jésus-Christ, vous qui étiez jadis éloignés, vous avez été rapprochés par le sang de Christ.

Car il est notre paix, lui qui des deux n'en a fait qu'un, et qui a renversé le mur de séparation, l'inimitié...

Ainsi, se présente le contenu des versets ci-dessus, lesquels confirment davantage les caractères de réformation institutionnelle de la doctrine ministérielle pour aboutir à l'unification des deux races spirituelles légalement reconnues devant Dieu et cela par le moyen de la réconciliation basée sur l'œuvre de la rédemption du seigneur Jésus-Christ de l'homme avec son Dieu pour une nouvelle relation de paix et d'avenir plus prometteur et rassurant au bénéfice du croyant.

Et alors qu'on parlait de la doctrine approuvée du Seigneur, considérons l'ensemble des éléments suivants dans le but de souligner le caractère très important de cette doctrine en remplacement de l'ancienne pour servir à la restauration du croyant jusque-là divorcé de Dieu pour cause du péché.

Réf bibliques : Mathieu : 12 V 39 - 45.

Jésus leur répondit : Une génération méchante et adultère demande un miracle ; il ne lui sera donné d'autre miracle que celui du prophète Jonas.

Car de même que Jonas fut trois jours et trois nuits dans le ventre d'un grand poisson, de même le Fils de l'homme sera trois jours et trois nuits dans le sein de la terre.

Les hommes de Ninive se lèveront au jour du jugement, avec cette génération et la condamneront, parce qu'ils se repentirent à la prédication de Jonas ; et voici, il y a ici plus que Jonas.

La reine du Midi se lèvera au jour du jugement, avec cette génération et la condamnera, parce qu'elle vint des extrémités de la terre pour entendre la sagesse de Salomon, et voici, il y a ici plus que Salomon.

Lorsque l'esprit impur est sorti d'un homme, il va par des lieux arides, cherchant du repos, et il n'en trouve point.

Alors il dit : je retournerai dans ma maison d'où je suis sorti ; et, quand il arrive, il la trouve vide, balayée et ornée.

Il s'en va, et il prend avec lui sept autres esprits plus méchants que lui ; ils entrent dans la maison, s'y établissent, et la dernière condition de cet homme est pire que la première.

Il en sera de même pour cette génération méchante.

Et en voici ci-dessus le contenu des versets suivants, lesquels semblent présenter un caractère du résumé du rapport entre les deux principales doctrines, à savoir : celle basée sur la loi de l'interdit qualifiée entre autre de la repentance et l'autre basée sur la loi de la liberté et qualifiée de la foi.

Cela étant, la première en liste devra céder place à la deuxième en ce que la doctrine de la repentance si religieuse et si répandue qu'elle soit, est incapable d'assurer le salut de l'âme des accrochants et devra céder place à celle de la foi en Jésus-Christ et basée sur la loi de la liberté ou la grâce.

Jésus voulant répondre à ses interlocuteurs, les qualifiaient de génération méchante et adultère, et cela au regard de la justice de Dieu. Et dans cet état de vie, ils n'avaient pas en réalité besoin de miracles, mais plutôt d'une nouvelle naissance encore appelée conversion envers Dieu ou la régénération, laquelle ne sera possible qu'à travers son œuvre de la rédemption susceptible de leur offrir une nouvelle identité spirituelle et la réconciliation avec Dieu.

Et c'est ce qu'il tentait de leur passer comme exhortation, même si à cette époque, ils ne pouvaient pas comprendre ces choses à cause leur état de péché et de mort dans l'esprit.

Cela reste à ce jour d'actualité comme réalité de vie spirituelle et s'impose à tout croyant comme un passage de transition d'une réalité divine de fausseté à une autre de vérité, et Jésus-Christ est la vérité ; la foi par le moyen de la grâce.

Il prendra en conséquence le soin d'offrir une parabole en fin de conversation pour toujours essayer de les persuader sur les limites de la doctrine de la repentance ou mosaïque laquelle repose sur les œuvres, c'est à dire, le traitement de la vie charnelle et non spirituelle.

Voilà pourquoi, l'esprit impur pouvait être chassé d'un sujet et revenir constater l'état vide, balayé et orné dudit sujet, et malgré cela pouvait encore y retourner de manière encore plus renforcée, tout simplement parce que le sujet était tout le temps resté vide, et sans occupant, et la nature ayant horreur du vide donnera plein droit à cet esprit impur d'y refaire son refuge au grand dam des prédicateurs de la repentance.

Mais l'Eternel Dieu, dans toute sa souveraineté, allait prévoir des dispositions pour occuper de tel sujet du Saint-Esprit pour une nouvelle naissance et cela par le moyen de la conversion ou la foi en Jésus-Christ.

En s'appuyant sur cette parabole du Seigneur, nous pouvons aussi nous éclairer de l'illustration suivante :

Ainsi, prenant le cas des champs. Lorsqu'ils sont labourés ; désherbés ; défrichés et complètement nettoyés, ils présentent généralement un aspect propre et pouvaient même forcer l'admiration de quiconque au passage y jetait un coup d'œil, et cela par respect aux différents travaux qui ont été abattus.

Mais lorsqu'ils sont laissés à la nature sans que ses propriétaires n'y ont point pensé à mettre en terre des semences de leur choix dans le but de les occuper pour un autre résultat, ils finiront par pousser à nouveau des mauvais herbes et cette fois-ci peut-être avec de nouvelles variétés puisque les herbes qui étaient mortes et laissées sur les terrains serviront d'engrais facilitant en cela leurs bonnes croissances.

Et c'est bien exactement ce que le Seigneur tentait d'expliquer à travers cette parabole des saintes écritures qui reste un sujet vraiment capital mais malheureusement négligé par le corps de Christ et cela au péril de la vie des croyants.

Ainsi la repentance devient manipulable par le malin en ce qu'elle se limite à la chair, en offrant une apparence de propriété et de pureté sans jamais atteindre le cœur lequel constitue le domaine de relation entre l'homme et Dieu.

Nous avons encore beaucoup de choses à pouvoir offrir à nos lecteurs pour enrichir davantage leurs bagages spirituels, mais l'invitation à la lecture biblique serait encore mieux parce qu'il s'agira là de la direction du Saint-Esprit lui-même pour une vie spirituelle prospère et épanouie.

Et c'est sur ces mots que se referme le développement de notre chapitre relatif au ministère et doctrine approuvée du Seigneur, laquelle est celle de la foi ou la justice en Jésus-Christ et fondée sur la loi de la liberté ou la grâce.

Chapitre : 6

Impact de chacune des deux principales doctrines sur la vie du croyant.

Dans ce chapitre de notre étude, nous allons nous évertuer à présenter à nos différents lecteurs l'impact des deux principales doctrines bibliques sous la forme de conséquences enregistrées dans l'exercice ou la mise en pratique de chacune d'elles en ce qu'il nous donnera de relever à la fois les divers avantages et inconvénients directs ou indirects sur la vie des observants.

Cela exigera de nous une autre forme de discipline de manière à respecter l'ordre biblique des deux doctrines généralement connues sous les expressions de l'ancienne et la nouvelle alliance.

Et pour rappel, nous avions déjà souligné que chacune de ces deux doctrines avaient été pourvues par l'Eternel Dieu lui-même quoique l'une sera connue quaduque et nécessitée d'être remplacée dans le but de s'assurer une bonne fin des objectifs divinement fixés.

Et pendant que nous progressons dans le développement de ce chapitre, il nous plaît de rappeler que les différents développements de cette œuvre n'établissent pas une quelconque différence entre la doctrine ; le ministère et la loi afin de permettre aux lecteurs d'avoir un accès facile et assoupli de compréhension peu importe leur niveau de connaissance sur des sujets relatifs à la vérité évangélique.

Sur ce, nous allons commencer par la doctrine mosaïque encore appelée, le judaïsme ; l'ancienne alliance ; la loi ; le culte des anges ou encore la repentance ou le péché pour ne citer que ceux-là et qui se repose sur la loi de l'interdit.

D'après la réalité des faits relatifs à la prêche ou l'exercice de la doctrine de la repentance encore appelée le péché, il y aura en premier lieu de rappeler qu'il s'agit d'une relation de vie spirituelle des pécheurs lesquels en l'état seront considérés par endroits comme une génération méchante et adultère d'après les mots du seigneur

Jésus lui-même ; de races de vipères, par le prophète Jean Baptiste et plutard répété par le seigneur Jésus avec l'ajout de serpents.

Et s'agissait simplement à ce niveau des expressions pour qualifier l'homme naturel ou le croyant pécheur, lui qui dans son ignorance faisait tout de son possible pour tenter de plaire à Dieu malgré son éloignement de ce dernier à chaque jour de grâce qu'il lui était accordée.

Réf bibliques : Mathieu : 3 V 7 ; 12 V 39 ; 23 V 33.

Mais voyant venir à son baptême beaucoup de pharisiens et de sadducéens, il leur dit: Races de vipères, qui vous a appris à fuir la colère à venir ?

Il leur répondit : Une génération méchante et adultère demande un miracle ; il ne lui sera donné d'autre miracle que celui du prophète Jonas.

Serpents, races de vipères !

Comment échapperez-vous au châtiment de la géhenne ?

Ci-dessus le contenu de ces versets lesquels nous informent sur quelques unes des expressions utilisées par certains personnages clés sous la forme de réprimande à l'endroit de ceux qui se plaisaient à l'époque de leur sagesse religieuse sans jamais penser qu'ils étaient purement en déphasage avec la personnalité de ce Dieu dont ils se réclamaient si tant, des serviteurs et ouvriers.

C'est le lieu de rappeler que ces expériences qui seront tantôt utilisées par le seigneur Jésus et le prophète Moïse, traduisaient la postérité du diable qui avait pris le corps du serpent, l'animal considéré comme le plus rusé de tout le bétail d'après les saintes écritures pour aller vers Eve et par elle, amener l'homme à découvrir le péché à l'intérieur du jardin d'Eden.

Lucifer, pour avoir réussi ce coup, avait amené l'homme à lui ressembler dans son mode de vie et sa rébellion envers Dieu.

L'homme par la connaissance du péché devra découvrir une nouvelle nature laquelle occupera son cœur et contrôlera pleinement sa conscience en lui donnant de constituer une race de descendance propre à lui.

Réf bibliques : Genèses : 3 V 1 - 4 ; 5 V 1 - 3.

Le serpent était le plus rusé de tous les animaux des champs, que l'Eternel Dieu avait faits. Il dit à la femme : Dieu a-t-il réellement dit : Vous ne mangerez pas de tous les arbres du jardin ?

La femme répondit au serpent : Nous mangeons du fruit des arbres du jardin.

Mais quant au fruit de l'arbre qui est au milieu du jardin Dieu a dit : Vous n'en mangerez point, et vous n'y toucherez point, de peur que vous ne mouriez.

Alors le serpent dit à la femme : Vous ne mourrez point ; mais Dieu sait que, le jour où vous en mangerez, vos yeux s'ouvriront et que vous serez comme des dieux, connaissant le bien et le mal.

Lorsque Dieu créa l'homme, il le fit à la ressemblance de Dieu.

Il créa l'homme et la femme, il les bénit, et il les appela du nom d'homme, lorsqu'ils furent créés.

Adam, âgé de cent trente ans, engendra un fils à sa ressemblance, selon son image, et il lui donna le nom de Seth.

Ainsi, du contenu des versets ci-dessus, nous avons en détail l'attitude du diable à l'endroit de l'homme et la figure animalière qu'il avait choisie pour s'assurer de l'atteinte de son objectif.

Ce qu'il avait effectivement réussi à faire en conduisant l'homme à désobéir à son Dieu qui d'ailleurs l'avait objectivement placé à l'intérieur du jardin d'Eden.

Il faut souligner que l'expression, la ressemblance et l'image utilisée dans ce contexte précis des évènements nécessite une compréhension particulière et nous l'avions suffisamment traité dans plusieurs de nos livres toujours dans le but de réduire les points d'ombre d'accès à la pensée du Seigneur.

Toutefois, l'homme qui, au commencement avait été créé à l'image et selon la ressemblance de Dieu, allait perdre cette identité spirituelle au profit de la corruption et allait la transférer par héritage à ses descendants, ce que la suite des versets ci-dessus nous avait confirmé.

On dira plutard que le péché d'Adam avait fini par prendre en otage l'humanité toute entière par le moyen de processus de naissance biologique laquelle implique directement celle spirituelle.

L'homme aura perdu les traits de ressemblance avec Dieu son créateur au profit de ceux du diable à qui il avait obéi par allégeance.

Ce dernier étant qualifié de serpent et désormais posant son contrôle de maître sur l'homme l'amènera à copier son mode de vie et par conséquent devenir son fils et cela, par transition de pères aux fils.

Réf bibliques : Jean : 8 V 43 - 45.

Pourquoi ne comprenez-vous pas mon langage ? Parce que vous ne pouvez écouter ma parole.

Vous avez pour père le diable, et vous voulez accomplir les désirs de votre père.

Il a été meurtrier dès le commencement , et il ne se tient pas dans la vérité, parce qu'il n'y a pas de vérité en lui.

Lorsqu'il profère le mensonge, il parle de son propre fonds ; car il est menteur et le père du mensonge.

Et moi, parce que je vous dis la vérité, vous ne me croyez pas.

Et voilà, au moyen du contenu des versets ci-dessus combien le seigneur Jésus essayait de persuader quelques uns de ses interlocuteurs en ce qui concerne la manifestation de la vérité par rapport à leur réalité doctrinale laquelle les avait servi à se forger des personnalités données, mais qui malheureusement les classait dans la catégorie des fils du diable.

Ce constat établi par le Seigneur allait s'élargir à l'humanité toute entière et ne donnera aucune chance à qui que ce soit pour le regard d'un bénéfice d'exception, et les versets ci-dessous nous en informeront davantage.

Réf bibliques : Romains : 3 V 12, 18.

C'est pourquoi, comme par un seul homme le péché est entré dans le monde, et par le péché la mort, et qu'ainsi la mort s'est étendue sur tous les hommes, parce que tous ont péché.

Ainsi donc, comme par une seule offense la condamnation a atteint tous les hommes, de même par un acte de justice, la justification qui donne la vie s'étend à tous les hommes...

Et déjà à partir du contenu des versets ci-dessus, nous pouvons nous faire l'idée de la lecture évangélique de l'extension du péché sur toute l'humanité.

Tous les hommes sans exception devront légalement s'identifier en Adam qui détient le privilège du père de l'humanité, et en conséquence, devraient être considérés comme des pécheurs devant Dieu c'est à dire séparés et divorcés de lui pour avoir connu la mort spirituelle et cela toujours à la lumière de la loi.

Il faut souligner qu'il n'y avait point ni de bons ni de justes d'après la loi malgré toutes les branches et catégories sociales ayant trouvé jour pendant l'évolution de l'âge des temps où on pouvait enregistrer de différents types de serviteurs de Dieu, voir même des ouvriers ayant porté des qualifications diverses.

Les choses allaient tellement évoluer au point de monter la conscience humaine à des niveaux beaucoup plus améliorés en sorte qu'on découvrira de nouvelles races qualifiées des juifs et les païens ; les circoncis et les incirconcis, mais tout cela sera limité à la chair et ne modifiera en rien de leur identité spirituelle commune adamique.

Il y aura la diversité des cultures et de nouvelles pratiques religieuses toujours occasionnées par l'évolution de la conscience humaine, laquelle était déjà corrompue par le péché et ne pouvait plus communiquer avec Dieu malgré les dispositions prises par ce dernier pour préserver l'homme de l'extermination.

Réf bibliques : Romains : 3 V 9 - 12 ; 19 - 20 ; 1 Timothée : 1 V 7 - 10.

Quoi donc ! Sommes-nous plus excellents ? Nullement. Car nous avons déjà prouvé que tous, Juifs et Grecs , sont tous sous l'empire du péché,

Selon qu'il est écrit : il n'y a point de juste,pas même un seul ;

Nul n'est intelligent ; Nul ne cherche Dieu ;

Tous sont égarés, tous sont pervertis, il n'en est aucun qui fasse le bien, pas même un seul.

Or, nous savons que tout ce que dit la loi, elle le dit à ceux qui sont sous la loi, afin que toute bouche soit fermée, et que tout le monde soit reconnu coupable devant Dieu.

Car nul ne sera justifié devant Dieu par les œuvres de la loi, puisque c'est par la loi vient la connaissance du péché.

Ils veulent être docteurs de la loi, et ils ne comprennent ni ce qu'ils disent, ni ce qu'ils affirment.

Nous n'ignorons pas que la loi est bonne, pourvu qu'on en fasse un usage légitime.

Sachant bien que la loi n'est pas faite pour les justes, mais pour les méchants et les rebelles ; les impies et les pécheurs ; les irréligieux et les profanes ; les parracides, les meurtriers, les impudiques, les infâmes, les voleurs d'hommes, les menteurs, les parjures, et tout ce qui est contraire à la saine doctrine...

Ci-dessus le contenu de ces quelques versets pour contribuer au développement que nous venons de présenter et par lequel tout le monde quelque soit le rang social, politique, culturel et socioprofessionnel est établi fautif, injuste et coupable devant la loi et soumis à l'approche de la réconciliation avec Dieu préparée dans l'Evangile.

Ils sont tous, toutes catégories confondues, porteurs de la semence du péché et par cela, corrompus de nature, morts dans l'esprit et enfin, races de vipères ou de serpents malgré qu'ils en existent parmi eux des adorateurs.

Il faut souligner qu'ils sont tous liés par la loi de l'ignorance et évoluaient d'âges en âges, de générations en générations avec un niveau de connaissance spirituel limité à la chair et à cause de cela, pouvaient se venter de beaucoup de choses parfois d'ordre de mérite.

Il faut ajouter que cela reste d'actualité de nos jours où plusieurs croyants par manque de connaissance de l'Evangile, demeurent sous le même esclavage en s'accrochant éperdument à la même doctrine de péché à cause des avantages périssables et éphémères qu'elle leur offre lesquels ne se limitent qu'à la séduction et la satisfaction de la chair.

Cet aspect des choses concernant la relation des humains avec Dieu qui les identifiait à la même catégorie d'hommes et de croyants malgré les différentes poches sociales et sociétales qui composent le peuple d'Israël et au-delà de lui, toute la société humaine, sera pris en considération par le seigneur Jésus dans ses discussions avec la femme samaritaine dont il avait fait la rencontre au puit de Jacob.

Réf bibliques : Jean : 4 V 20 - 24.

Nos pères ont adoré sur cette montagne ; et vous dîtes, vous, que le lieu où il faut adorer est à Jérusalem

Femme, lui répondit Jésus, crois-moi, l'heure vient et elle est déjà venue où ce ne sera ni sur cette montagne ni à Jérusalem qu'il faut adorer le Père.

Vous adorez ce que vous ne connaissez pas ; nous, nous adorons ce que nous connaissons, car le salut vient des juifs.

Mais l'heure vient et elle est déjà venue, où les vrais adorateurs adoreront le Père en esprit et en vérité ; car ce sont là les adorateurs que le Père demande.

Dieu est Esprit, et il faut que ceux qui l'adorent, l'adorent en esprit et en vérité.

Ainsi, du contenu de ces versets ci-dessus, on notera une entrevue entre le seigneur Jésus et la cette femme qui d'ailleurs cherchait à force d'arguments à défendre la position de sa communauté par comparaison à celle juive au regard de leur vie d'adoration envers Dieu.

Le seigneur Jésus, son interlocuteur ne la contredira pas par une quelconque prise de position en tant que descendant juif, mais l'aima plutôt, en lui faisant un état des lieux culturels par lequel il mettra en cause et l'adoration de la communauté de la femme et celle des juifs, laquelle se révèle fausse à la lumière de la vérité de Dieu dont ils étaient tous ignorants et que lui, en Messi était venu manifester.

Il fera savoir en même temps à la femme et ceux ou celles qui s'étaient rassemblés à l'occasion pour s'offrir un peu de spectacle, qu'il sera inconforme avec la pensée de Dieu d'impliquer les lieux comme la montagne ou la ville de Jérusalem pour se conformer ou de rendre agréable son adoration à Dieu, et que ce faisant, ils adoraient Dieu dans la chair et le mensonge conformément à l'héritage de leurs pères, ce qui était une forme voilée de l'idolâtrie religieuse.

Et sur ce rapport, il sera bienveillant de souligner qu'en réalité, cette doctrine n'offre aucun avantage aux croyants, mais que d'inconvénient parce que sa fin est sans aucun doute, la perdition ou la perte des âmes des observants.

Et c'est sur ces quelques mots que nous allons arrêter le travail sur l'impact de la doctrine du péché sur la vie du croyant pour celle de la foi ou la justice basée sur la loi de la liberté ou la grâce.

Pour ce qui concerne la doctrine de la foi ou de la justice appelée la vérité et basée sur la loi de la liberté ou la grâce, il sera constaté que l'impact sera moins spectaculaire et mouvementé toutefois, reste la meilleure des adorations envers Dieu puisqu'elle s'observe en esprit et selon la vérité et pouvait garantir le salut de l'âme du croyant.

Celui qui est l'incarnation et le porte flambeau de cette doctrine en la personne du seigneur et sauveur Jésus-Christ prendra le soin de rappeler dans l'une de ses différentes allocutions qu'il restait indispensable et incontournable pour une quelconque relation humaine de vérité avec Dieu.

Réf bibliques : Jean : 7 V 15 - 16 ; 8 V 42 ; 14 V 6.

Les juifs s'étonnaient, disant :

Comment connaît-il les écritures, lui qui n'a point étudié ?

Jésus leur répondit : Ma doctrine n'est pas de moi, mais de celui qui m'a envoyé.

Jésus leur dit : Si Dieu était votre Père, vous m'aimeriez, car c'est de Dieu que je suis sorti et que je viens ; je ne suis pas venu de moi-même, mais c'est lui qui m'a envoyé.

Jésus lui répondit : Je suis le chemin, la vérité, et la vie. Nul ne vient au Père que par moi.

Ainsi, au travers des versets ci-dessus, nous pouvons faire la lecture de quelques mots sur la personne incarnant la nouvelle doctrine laquelle est appelée la foi ; la justice et reposant sur la la loi de la liberté ou la grâce.

Il faut dire que la doctrine de la vérité ne se concentre pas sur ce que les yeux voient et qui généralement appellent au pouvoir de jugement des humains oubliant que l'apparence est trompeuse surtout qu'il s'agit des questions d'ordre spirituel.

Oui ! Cela reste aussi important que le cœur d'un sujet peut être vraiment en déphasage avec le comportement de l'individu, raison pour laquelle, le seigneur Jésus à qui l'apôtre Paul allait emboîter les pats, allait plusieurs fois et à plusieurs reprises interpeller les croyants à se garder de vite prononcer des jugements les uns sur les autres, surtout qu'il y en a peu seulement qui dispose d'une maturité spirituelle susceptible de pouvoir au discernement des esprits et des choses.

Réf bibliques : 2 Corinthiens : 5 V 16 - 17.

Ainsi, dès maintenant, nous ne connaissons plus personne selon la chair ; et si nous avons connu Christ selon la chair, maintenant nous ne le connaissons plus de cette manière.

Si quelqu'un est en Christ, il est une nouvelle créature.

Les choses anciennes sont passées ; voici, toutes choses sont devenues nouvelles.

A partir donc du contenu des versets suivants, nous notons en quelques mots, la culture de l'humilité et d'acceptation prônée par la nouvelle doctrine dans le but réparer les brèches qui existaient au sein des croyants et occasionnaient des divisions et des guerres de positionnement.

Cela allait très tôt se ressentir au sein des disciples du Seigneur alors qu'il se préparait à enclencher la dernière phase de sa mission terrestre, et ce sera la guerre du leadership à laquelle il ne tardera à apporter la réponse appropriée.

Réf bibliques : Mathieu : 23 V 8 - 12.

Mais vous, ne vous faîtes pas appeler Rabbi ; car un seul est votre Maître, et vous êtes tous des frères.

Et n'appelez personne sur la terre votre père ; car un seul est votre Père, celui qui est dans les cieux.

Ne vous faîtes pas appeler directeurs ; car un seul est votre Directeur, le Christ.

Le plus grand parmi vous sera votre serviteur.

Quiconque s'élèvera sera abaissé, et quiconque s'abaissera sera élevé.

Une fois encore, du contenu de ces quelques versets, nous pouvons noter un changement profond, une réforme organisationnelle de la nouvelle doctrine comparativement à l'ancienne, et par laquelle ils sont tous non seulement des frères, mais aussi le plus grand parmi les croyants devrait être celui qui est prêt à servir les autres, c'est à dire à supporter les faiblesses et les différences d'ordre comportemental et répréhensible des uns et des autres.

Les titres comme : Père ; Directeur et similaires devraient être exclusivement réservés à l'Eternel Dieu au bénéfice de certains des composants de sa divinité et que tous devraient se regarder comme frères, c'est à dire de même égalité.

A tout celà, il faut aussi ajouter que cet état de vie relationnelle réservée aux croyants de la nouvelle alliance, est lié à L'Esprit qu'ils étaient appelés à recevoir et qui d'ailleurs est la force de chacune de leur personnalité spirituelle puisque dans le cas d'espèce, il s'agit d'une adoration spirituelle et non charnelle.

Ainsi, toute la personnalité et la capacité du croyant reposent sur L'Esprit du Seigneur qu'il a reçu par l'acceptation de l'Evangile et non son propre esprit ou sa propre sagesse.

C'est pourquoi il sera constaté un peu plutôt ce qui suit :

Réf bibliques : Jean : 14 V 15 - 17, 26 ; Actes : 1 V 8.

Si vous m'aimez, gardez mes commandements.

Et moi, je prierai le Père, et il vous donnera un autre consolateur, afin qu'il demeure éternellement avec vous.

L'Esprit de vérité, que le monde ne peut recevoir, parce qu'il ne le connait point ; mais vous, vous le connaissez,, car il demeure avec vous, et il sera en vous.

Mais vous recevrez une puissance, le Saint-Esprit survenant sur vous, et vous serez mes témoins à Jérusalem, dans toute la Judée, dans la Samarie, et jusqu'aux extrémités de la terre.

Ainsi se présente le contenu des versets ci-dessus lesquels témoignent de la dépendance des croyants de la nouvelle alliance à la personne du Saint-Esprit, lui qui reste un facteur absolument déterminant pour une véritable relation avec le Seigneur et l'exercice du ministère de son appel.

Il faut souligner comme nous l'avions précédemment évoqué, que la nouvelle doctrine qui correspond en même temps à son ministère et à sa loi, revêt aussi des caractères tels que l'enseignement ; le pouvoir ; la puissance pour ne citer que ceux-là...

Réf bibliques : Jean : 1 V 12 - 13 ; Actes : 1 V 8 ; Galates : 3 V 24 - 25 ; Tite : 2 V 11 - 12.

Mais à tous ceux qui l'ont reçu, à ceux qui croient en son nom, elle a donné le pouvoir de devenir enfants de Dieu, lesquels sont nés,

Non du sang, ni de la volonté de la chair, ni de la volonté de l'homme, mais de Dieu.

Mais vous recevrez une puissance, le Saint-Esprit survenant sur vous, et vous serez mes témoins à Jérusalem, dans toute la Judée, dans la Samarie, et jusqu'aux extrémités de la terre.

Ainsi,la loi a été comme un pédagogue pour nous conduire à Christ, afin que nous fussions justifiés par la foi.

La foi étant venue, nous ne sommes plus sous ce pédagogue.

Car la grâce de Dieu, source de salut pour tous les hommes, a été manifestée.

Elle nous enseigne à renoncer à l'impiété et aux convoitises mondaines, et à vivre dans le siècle présent selon la sagesse, la justice et la piété.

Nous avons donc au moyen du contenu des ces quelques versets, les éléments confirmant les traits caractéristiques de la nouvelle doctrine incarnée par la personne du seigneur Jésus-Christ et destinée à rendre l'homme ou le croyant agréable à Dieu dans sa relation d'adoration.

Il faut souligner qu'à plusieurs endroits des saintes écritures, la nouvelle doctrine ou la foi allait prendre d'autres formulations et on notera parmi tant d'autres, la nouvelle alliance qui implique directement la main de l'Eternel Dieu lui-même de manière à rendre le croyant capable de suivre ses instructions et faire sa volonté lesquelles sont source de vie et de salut pour l'âme de ce dernier.

Ceci nous interpelle en ce que la conscience d'adoration divine est directement liée à l'alliance peu importe la doctrine et tant que telle implique l'effusion du sang.

Et comme nous l'avions souligné concernant les deux principales doctrines, elles sont respectivement établies à base du sang comme moyen de connexion entre le monde de Dieu et celui des humains.

Mais là où le sang de certains animaux indiqués avait été utile et valable pour jouer un rôle de médiation uniquement réservé à l'adoration charnelle, comme ce fut le cas de l'alliance de la première doctrine, ce sera le sang d'un homme exceptionnel et différent du commun des mortels dans la figure d'un agneau sans tâches et sans défauts et habité d'un esprit de vie éternelle qui sera nécessaire voir indispensable pour asseoir la nouvelle doctrine ou celle de la justice et dont les avantages pour le croyant seront innombrables et inquantifiables.

On notera en conséquence ce qui suit :

Réf bibliques : Hébreux : 8 V 7 - 10.

En effet, si la première alliance avait été sans défaut , il n'aura point question de la remplacer par une autre.

Car c'est avec l'expression d'un blâme que le Seigneur dit à Israël : Voici les jours viennent, dit le Seigneur, où je ferai avec la maison d'Israël et la maison de Juda une alliance nouvelle.

Non comme l'alliance que je traitai avec leurs pères, le jour où je les saisis par le main pour les faire sortir du pays d'Egypte ; Car ils n'ont pas persévéré dans mon alliance, et moi aussi, je ne me suis pas soucié d'eux, dit le Seigneur.

Mais voici l'alliance que je ferai avec la maison d'Israël,

Après ces jours-là, dit le Seigneur :

Je mettrai mes lois dans leur esprit,

Je les écrirai dans leur cœur ; et je serai leur Dieu, et ils seront mon peuple.

Du contenu des versets ci-dessus, nous pouvons remarquer en de peu de mots la comparaison entre les deux doctrines lesquelles dans le cas d'espèce seront présentées sous la forme d'alliance et la supériorité qualitative et capacitaire de la nouvelle sur l'ancienne et tout cela à l'avantage du croyant.

Cela reste si intéressant pour l'homme que pour Dieu lui-même le pourvoyeur qui allait décider de faire suivre cette doctrine de riches et véritables promesses dont l'effectivité et les merveilleux résultats de part et d'autre dépendent exclusivement de lui puisque l'homme ne pourra en aucun cas et d'aucune manière satisfaire de lui-même les attentes et désirs du Dieu très saint ; juste et parfait.

Les avantages de ladite doctrine ne s'arrêtera pas en ces peu d'éléments énumérés, mais offrira encore au croyant le droit ou le pouvoir de fils et héritier de Dieu, ce qui n'était pas permis dans le passé, c'est à dire avec l'ancienne doctrine ou alliance.

Certes, Dieu avait un peuple auquel était attaché son nom, et en faveur de qui il avait même opéré de nombreux miracles par lesquels ce dernier était distingué de toutes les nations de la terre.

Toutefois ,c'était un peuple qui ne partageait pas sa nature, c'est à dire sa sainteté spirituelle mais plutôt charnelle et était tout le temps resté captif du péché, ainsi sous la manipulation du diable.

Et cette figure de peuple était important pour conserver l'unicité de l'homme en le premier Adam légalement reconnu pécheur devant Dieu en attendant l'avènement du second préparé et apprêté pour pouvoir au salut de la postérité considérée pour victime du premier.

Réf bibliques : Romains : 5 V 12, 19 ; 8 V 14 - 17.

C'est pourquoi, comme par un seul homme le péché est entré dans le monde, et par le péché, la mort, et qu'ainsi la mort s'est étendue sur tous les hommes, parce que tous ont péché.

Car, comme par la désobéissance d'un seul homme beaucoup ont été rendus pécheurs, de même par l'obéissance d'un seul beaucoup seront rendus juste.

Car tous ceux qui sont conduits par L'Esprit de Dieu sont fils de Dieu.

Et vous n'avez point reçu un esprit de servitude, pour être encore dans la crainte ; mais vous avez reçu un Esprit d'adoption, par lequel nous crions : Abba ! Père !

L'Esprit lui-même rend témoignage à notre esprit que nous sommes enfants de Dieu.

Or si nous sommes enfants, nous sommes aussi héritiers : héritiers de Dieu, et cohéritiers de Christ, si toutefois nous souffrons avec lui, afin d'être glorifiés avec lui.

Et voilà à partir du contenu des versets ci-dessus, la preuve de ce que la doctrine selon le seigneur Jésus-Christ est détentrice d'un pouvoir suprême capable d'accomplir et de satisfaire les désirs du cœur de Dieu dont le principal était de vouloir d'un être vivant supérieur aux anges avec une capacité exceptionnelle de libre arbitre appelé homme et qui pouvait légalement le représenter avec dignité et probité pour la gestion déléguée de son monde terrestre.

Celui-ci ne se limitera pas seulement à la personne d'homme, mais bénéficiera plus tard du droit de fils et en tant que tel héritier de Dieu qui deviendra son Père.

Il faut dire que nous avons encore beaucoup d'éléments contributeurs à apporter cependant, il serait souhaitable que nous nous arrêtions ici et tout de suite afin de permettre à nos lecteurs de continuer eux-mêmes leurs recherches personnelles sur ces sujets de grandes utilités à travers les saintes écritures.

Et ainsi, se referme le développement de notre chapitre relatif à l'impact de chacune des deux principales doctrines sur la vie du croyant.

Chapitre : 7

Images illustratives de l'adorateur de chacune des deux doctrines.

Dans ce chapitre de notre étude, il sera question de présenter une des rares révélations de Dieu à laquelle il n'est pas donné à tout croyant d'avoir accès à cause de son caractère mystérieux cependant, reste aussi importante qu'instructive pour la croissance en statut et en sagesse spirituelle de ceux que l'Eternel Dieu a lui-même appelés, acquis et réservés pour lui servir de témoignage à partir des choses anciennement cachées dans le Saint-Esprit mais désormais mises à la disposition de ceux qui ont accepté et marchent par la vérité de l'Evangile, comme l'annonçait le seigneur Jésus alors qu'il était encore sur terre et se préparait pour sa séparation physique d'avec ses disciples.

Réf bibliques : Jean : 16 V 12 - 14.

J'ai encore beaucoup de choses à vous dire, mais vous ne pouvez pas les portez maintenant.

Quand le consolateur sera venu, L'Esprit de vérité, il vous conduira dans toute la vérité ; car il ne parlera pas de lui-même, mais il dira tout ce qu'il aura entendu, et il vous annoncera les choses à venir.

Il me glorifiera, parce qu'il prendra de ce qui est à moi, et vous l'annoncera.

Ainsi, se présente le contenu des versets ci-dessus lesquels nous retracent par rappel les notions de grands importances et intérêts, et le caractère indispensable du ministère du Saint-Esprit dans la relation d'adoration du croyant avec Dieu surtout pour ce qui concerne la doctrine du seigneur et sauveur Jésus-Christ.

Qu'il nous souvienne qu'il est établi d'après les saintes écritures que c'est la nouvelle alliance qui explique et confirme l'ancienne, puisque c'est son observation qui donne accès aux profondes révélations du Seigneur lesquelles correspondent aux pensées de

Dieu et tout ce qui concerne ses différents projets à l'endroit de la terre et tout ce qui y habite, avec les humains en priorité.

Et cette sagesse de Dieu pour révéler les choses cachées en lui relève des compétences du Saint-Esprit qui est aussi une personne complète et entièrement inclusive de Dieu pour convaincre le croyant, l'éclairer et le sortir de son cercle infernal d'ignorance et de la mort spirituelle.

Ceci ramène à la vérité d'adoration de Dieu qui repose sur la conscience humaine malgré toutes les diverses pratiques et formalités qui s'y parfois impliquent, puisque Dieu est après tout, Esprit, et ne fonde sa relation avec quiconque que dans le domaine de l'esprit, même si sous la première doctrine ou alliance, les choses avaient paru plus visibles qu'invisibles.

Et pour rappel, nous avons en face de nous deux différentes doctrines ou alliances lesquelles font d'un quelconque observant, un adorateur qu'il soit serviteur consacré au ministère ou simple croyant.

Ainsi, on aura les adorateurs de Dieu de l'ancienne alliance ou doctrine et ceux de la nouvelle.

Cas des adorateurs de Dieu de l'ancienne doctrine ou alliance.

En ce qui concerne le cas des adorateurs de Dieu de l'ancienne doctrine ou alliance, on aura à se référer à l'adoration sous le leadership du prophète Moïse à qui d'ailleurs il avait été divinement donné comme instructions de faire les choses selon qu'elles lui avaient été montrées sur la montagne.

Le prophète Moïse, dans la foulée des évènements sera appelé à la responsabilité de conduire la construction d'un tabernacle en l'honneur de l'Eternel Dieu comme lieu et centre physique d'adoration entre le peuple d'Israël et son Dieu.

Il faut souligner qu'au nombre des choses à construire figure une caisse dénommée, l'arche de l'Eternel ou d'alliance laquelle à cette occasion, fera objet de la première grande partie de notre réflexion en réponse à ce chapitre.

Réf bibliques : Hébreux : 8 V 5 ; Exode : 25 V 10 - 11.

Lesquels célèbrent un culte, image et ombre des choses célestes, selon que Moïse en fut divinement averti lorsqu'il allait construire le tabernacle ; Aie soin, lui fut-il dît, de faire tout d'après le modèle qui t'a été montré sur la montagne.

Ils feront une arche de bois d'acacia, sa longueur sera de deux coudées et demie, sa largeur d'une coudée et demie, et sa hauteur d'une coudée et demie.

Tu la couvriras d'or pur, tu la couvriras en dedans et en dehors, et tu y feras une bordure d'or tout autour.

A présent le contenu des versets ci-dessus, au travers desquels on note l'instruction donnée au prophète Moïse sur la montagne et l'un des composants du tabernacle appelé l'arche dont la construction allait exiger des soins particuliers et sur laquelle nous allons à présent nous pencher.

Mais avant d'aborder ce aspect de notre développement concernant l'arche, il faut souligner qu'il s'agira d'un composé de matériels qui restera attaché au peuple comme traduisant la présence de Dieu lui-même en leur sein et sera ainsi présent dans chacun de leurs mouvements et déplacement, puisque leur vie sera aussi caractérisée par divers périples migratoires qui vont impliquer certaines modifications et changements des choses au point que le tabernacle finira par céder place à la construction d'un temple en matériels définitifs, mais toujours marqué par la présence de l'arche, laquelle constitue en sorte la tête ou l'oeil de toute édifice d'adoration de Dieu par les croyants de cette doctrine.

On notera en conséquence ce qui suit :

Réf bibliques : Exode : 25 V 16 - 22.

Tu mettras dans l'arche le témoignage, que je te donnerai.

Tu feras un propitiatoire d'or pur ; sa longueur sera de deux coudées et demie, et sa largeur d'une coudée et demie.

Tu feras deux chérubins d'or, tu les feras d'or battu, aux deux extrémités du propitiatoire ;

Fais un chérubin à l'une des extrémités et un chérubin à l'autre extrémité ; vous ferez les chérubins sortant du propitiatoire à ses deux extrémités.

Les chérubins entendront les ailes par dessus, couvrant de leurs ailes le propitiatoire, et se faisant face l'un à l'autre ; les chérubins auront la face tournée vers le propitiatoire.

Tu mettras le propitiatoire sur l'arche, et tu mettras dans l'arche le témoignage, que je te donnerai.

C'est là que je me rencontrerai avec toi ; du haut du propitiatoire, entre les deux chérubins placés sur l'arche du témoignage, je te donnerai tous mes ordres pour les enfants d'Israël.

Ainsi, du contenu des versets ci-dessus, nous pouvons aisément réaliser le symbolisme du principal point de contact dans l'adoration entre Dieu et les croyants à travers cette doctrine de l'ancienne alliance.

Mais avant cela, il sera constaté que l'arche devra être réalisée à partir du bois d'acacia pour aboutir à un objet en caisse.

Cette caisse entièrement réalisée à partir du bois d'acacia sera couverte d'or pur du dedans et du dehors de manière à cacher le bois qui constitue sa matière de base et à présenter une caisse d'or pur à la première vue.

Mais le mystère ne s'arrêtera pas à ce niveau, puisqu'à l'intérieur de cette arche sera minutieusement déposé le témoignage et l'ensemble couvert par un propitiatoire d'or pur.

Les choses étant disposées, l'arche servira de principal moyen de contact dans ladite adoration entre le Dieu invisible et les croyants vivant dans le monde visible et qui étaient d'ailleurs séparés de Dieu par leur état de péché ou de mort spirituel, et ainsi nous allons aborder l'étude de la description de l'arche de témoignage, encore appelée arche de l'alliance.

Etude de la description de l'arche de l'alliance (ancienne doctrine).

Ainsi pour rappel, l'arche sera une caisse ouverte par le haut et réalisée à base du bois d'acacia.

Elle sera couverte d'or pur du dedans au dehors de sorte qu'à la première vue de quiconque, présentera l'aspect d'une caisse en or, à la différence de ceux qui sont bien informés de son matériel composant de base.

Et sur cette base, on peut déjà souligner sa figure de séduction et de tromperie en ce qu'elle présente une image qui n'est pas conforme à sa véritable composition ou nature.

Ce qui reste de grande utilité à tirer comme leçon, est que nombreux sont ceux et celles qui pouvaient l'acquérir en son état apparent et au prix fixé en fonction de sa valeur monétaire laquelle est presque à la portée de toutes les connaissances.

Mais la majorité seront plutard des victimes puisqu'ils auront acquéri innocemment un joyeau fait du bois mélangé à de l'or pensant acquérir un joyeau doré et cela en se basant sur l'apparence dudit objet.

Ils se seraient finalement trompés d'avoir opté pour un choix d'achat uniquement basé sur la vue et non sur le fond puisqu'il y aura certainement un délai de validité à ce composé pour montrer ses limites.

Mais en attendant de confirmer la révélation, référons-nous aux versets suivants :

Réf bibliques : Exode : 4 V 6 - 7.

L'Eternel lui dit encore : Mets ta main dans ton sein. Il mit sa main dans son sein ; puis la retira, et voici, sa main était couverte de lèpre, blanche comme la neige.

L'Eternel dit : Remets ta main dans ton sein. Il remit sa main dans son sein ; puis la retira de son sein, et voici, elle était redevenue comme sa chair.

Et le contenu des versets ci-dessus, lesquels constituent l'extrait des échanges de discussion que l'Eternel Dieu avait offert à Moïse pour son premier contact avec lui et cela dans le cadre du ministère qu'il allait lui confier et qui devrait commencer par la délivrance de son peuple de la captivité égyptienne, et la lecture complète du chapitre vous en renseignera davantage.

Rappelons que Moïse est descendant d'Israël et plus précisément de la tribu de Lévi, laquelle était celle que l'Eternel Dieu avait choisi des douze composant toute la communauté d'Israël et qui avait reçu le privilège d'être consacrée au service de l'autel ou de Dieu malgré leur état commun de péché et de mort spirituel.

Désirant reausser la conscience captive de péché de cet homme par des mesures de prévention individuelle et collective en fonction des charges qui lui seront confiées, et qu'il avait choisi pour l'employer dans son ministère malgré son état, allait procéder par une sagesse de mise au point sur sa personne.

Il l'instruira à mettre sa main dans son sein et la retira après. Et cette main au retrait de son sein sera couverte de lèpre, blanche comme la neige. Cet homme sera de nouveau instruit pour le même exercice, et cette même main, au retrait redeviendra à l'état originel, comme sa chair.

En réalité, le Seigneur montrait par cette méthode d'enseignement à cet homme de nature pécheresse et sur qui il avait porté son choix de serviteur, qu'à l'intérieur de sa personne régnait le péché symbolisé par la lèpre et qu'en l'état, il ne pouvait entretenir aucune quelconque relation avec lui, cependant, il allait l'utiliser comme employé et serviteur et cela au nom de sa souveraineté.

Mais lui Moïse, devra en conséquence s'armer de la conscience de privilège et de l'immérité lesquels correspondent à une forme de grâce de Dieu pour lui accorder un tel statut.

Ce Moïse devenant serviteur de Dieu avec le titre de prophète, allait devenir plutard la figure symbolique de tous les serviteurs ayant servi dans l'ordre sacerdotal lévitique, communément appelé l'ancienne alliance ou le sacerdoce lévitique.

Mais plus encore, il sera l'incarnation humaine de la loi de l'interdit et devra occuper la place de Dieu devant le croyant pécheur sur la terre, et médiateur sacerdotal entre le pécheur ou le croyant charnel et le Dieu invisible, saint, juste et parfait.

C'est l'ensemble donc de tous ces éléments qui ne se limitent qu'à Moïse seul, mais au-delà de lui, tous les descendants de Lévi à qui était imposé le service sacerdotal sous l'ancienne alliance ou doctrine que représentait l'arche de l'alliance ou de témoignage.

Le service nécessitant la relation avec Dieu, allait exiger l'intervention de la grâce de Dieu laquelle sera représentée par l'or pur dont on se servira pour couvrir la caisse au-dedans et au dehors.

Toutefois, cette caisse devrait être réalisée à base du bois d'acacia pour symboliser l'état de péché, de faiblesse, corrompu et injuste du serviteur qui par privilège était appelé à représenter Dieu devant les hommes et à engager des actions en son nom.

Voilà pourquoi, le croyant pécheur symbolisé par le bois d'acacia devrait être couvert par l'onction ou la grâce pour le ministère divin traduisant la personne juste et sainte de Dieu, et symbolisée par l'or pur, élément caractérisant un état de pureté de haut niveau pour servir à couvrir l'état de péché du croyant comme les feuilles de figue utilisées à l'intérieur du jardin d'Eden pour couvrir la nudité à Adam et Eve après leur connaissance du péché.

L'arche alors dans cet état, était le symbole du serviteur ou ministre de l'Eternel Dieu au devant des croyants pécheurs ou simplement, le croyant pécheur dans son statut d'adorateur de Dieu par une conscience de péché et de mort spirituel.

Au cœur ou à l'intérieur de la caisse ou l'arche sera déposé le témoignage symbolisant les tables de loi autrefois remises à Moïse sur la montagne de Sinaï et dont le contenu servait de témoin à Dieu dans toute sa justice au devant de l'homme captif et esclave du péché.

Le prophète Moïse était alors la représentation physique de la loi et était au cœur et au centre de toutes les activités liées au sacerdoce lévitique ou l'ancienne alliance ou doctrine, ou encore l'adoration charnelle du croyant pécheur avec Dieu.

Réf bibliques : Romains : 3 V 19 - 20 ; Galates : 3 V 19 ; Hébreux : 5 V 1 - 4 ; 10 V 1 - 4.

Or, nous savons que tout ce que dit la loi, elle le dit à ceux qui sont sous la loi, afin que toute bouche soit fermée, et que tout le monde soit reconnu coupable devant Dieu.

Car nul ne sera justifié devant lui par les œuvres de la loi, puisque c'est par la loi qui vient la connaissance du péché.

Mais pourquoi la loi ? Elle a été donnée ensuite à cause des transgressions, jusqu'à ce que vint la postérité à qui la promesse avait été faite ; elle a été promulguée par des anges, au moyen d'un médiateur.

En effet, tout souverain sacrificateur pris du milieu des hommes est établi pour les hommes dans le service de Dieu, afin de présenter des offrandes et des sacrifices pour les péchés.

Il peut être indulgent pour les ignorants et les égarés, puisque la faiblesse est aussi son partage.

Et c'est à cause de cette faiblesse qu'il doit offrir des sacrifices pour ses propres péchés, comme pour ceux du peuple.

Nul ne s'attribue cette dignité, s'il n'est appelé de Dieu, comme le fut Aaron.

En effet, la loi qui possède une ombre des biens à venir, et non l'exacte représentation des choses, ne peut jamais, par les mêmes sacrifices qu'on offre perpétuellement chaque année amener les assistants à la perfection.

Autrement, n'aurait-on pas cessé de les offrir, parce que ceux qui rendent ce culte, étant une fois purifiés, n'auraient plus eu aucune conscience de leurs péchés ?

Mais le souvenir des péchés est renouvelé chaque année par ces sacrifices ;

Car il est impossible que le sang des taureaux et des boucs ôte les péchés.

Nous avons à partir du contenu des versets précédents quelques passages des saintes écritures qui nous remontent bien sur certains points essentiels concernant la loi et sa place dans la relation des croyants avec Dieu sous l'ancienne alliance ou doctrine et aussi combien sa mauvaise appréhension avait été la cause de la mort de plusieurs, et cela au moyen de la connaissance du péché.

Les saintes écritures vont présenter la loi à certains endroits comme un pédagogue c'est à dire, un enseignant, un éducateur, dans le cas d'espèce pour conduire les croyants pécheurs à la connaissance de la justice de Dieu, ce qui s'était soldé par un échec conformément au plan de Dieu puisque la loi inspire le mérite et l'orgueil au cœur du croyant observant.

Réf bibliques : Romains : 7 V 7 - 8 ; Galates : 3 V 24 - 25.

Que dirons-nous donc ? La loi est-elle péché ? Loin de là !

Mais je n'ai connu le péché que par la loi. Car je n'aurais pas connu la convoitise, si la loi n'eût : Tu ne convoiteras point.

Et le péché saisissant l'occasion, produisit en moi par le commandement toutes sortes de convoitises ; car sans loi le péché est mort.

Ainsi, la loi a été comme un pédagogue pour nous conduire à Christ, afin que nous fussions justifiés par la foi.

La foi étant venue, nous ne sommes plus sous ce pédagogue.

Et à présent, le contenu des versets ci-dessus, lesquels lèvent encore un coin de voile sur le caractère divin d'enseignant et de leader de la loi, avec la charge et la responsabilité d'organiser et de conduire la vie des croyants pécheurs, non pour les rassurer de l'amour de leur Dieu mais les accuser continuellement, et ainsi, sera déclaré incapable d'amener et de conduire qui que ce soit à la perfection.

Réf bibliques : Jean : 5 V 45 ; Romains : 3 V 20 ; Galates : 3 V 10 - 11.

Ne pensez pas que moi je vous accuserai devant le Père ; celui qui vous accuse, c'est Moïse, en qui vous avez mis votre espérance.

Car nul ne sera justifié devant Dieu par les œuvres de la loi, puisque c'est par la loi que vient la connaissance du péché.

Car tous ceux qui s'attachent aux œuvres de la loi sont sous la malédiction ; car il est écrit : Maudit est quiconque n'observe pas tout ce qui est écrit dans le livre de la loi, et ne le met pas en pratique.

Et que nul ne soit justifié devant Dieu par la loi

Et c'est ainsi, comme l'indique le contenu des versets ci-dessus, que la loi tantôt sous l'appellation Moïse, sera reconnue incapable de conduire le croyant accroché aux œuvres de la loi à la destination salutaire divine de son âme.

Il faut dire que nous avons autant d'éléments à apporter et des choses difficiles à expliquer à cause du niveau de la grande majorité des croyants qui pour défaut de connaissance de la vérité évangélique, fait face à de grands défis de compréhension pour des sujets comme ceux-ci.

Voilà pourquoi, nous n'hésitons à faire régulièrement mention de quelques notions évangéliques dans nos différentes œuvres afin de porter nos partenaires de lecture à une facilité de croissance de leur vie de justice en Dieu.

Et ce sera sur ces mots que nous allons mettre un terme à la première partie de ce chapitre, laquelle concerne la figure matérialisée du serviteur ou l'adorateur de nature pécheresse de Dieu sous l'ancienne alliance ou doctrine.

Cas des adorateurs de Dieu de la nouvelle doctrine ou alliance.

A présent, le développement de notre étude sur le cas des adorateurs de Dieu ou les croyants de la nouvelle alliance ou doctrine.

Il faut commencer par souligner l'aspect concis de cette deuxième partie de notre développement, puisqu'il y a nombre d'éléments qui ont été déjà abordés au cour du précédent travail en sorte qu'il ne sera plus important de remonter à eux afin d'éviter de reproduire les mêmes pages lesquelles risqueront de créer la surcharge des pensées de nos aimables lecteurs.

Toutefois, le regard bien attention et bien inspiré sur l'arche révélée sous la nouvelle alliance ou doctrine ne sera pas obscrupté, mais plutôt approfondir dans le but et l'objectif d'établir une différence claire et facilement accessible à la plus petite intelligence sur ce qui a lieu de retenir entre les informations que communiquent chacune des deux arches de l'alliance, lesquelles constituent par rappel, les adorateurs de Dieu de chaque doctrine ou alliance.

Qu'il nous souvienne que l'arche selon que présentée dans l'ordre des choses impliquant la relation de l'homme avec Dieu occupait une place très importante voir capitale, et servait de point de contact de premier rang dans l'ensemble des éléments constituant le tabernacle qui finira par devenir le temple de Dieu, sous la volonté manifestée du roi David et le pouvoir exécutoire du roi Salomon, son fils héritier et son successeur.

Réf bibliques : Actes : 7 V 46 - 47 ; 2 Chroniques : 5 V 2 - 3, 6, 10.

David trouva grâce devant Dieu, et demanda d'élever une demeure pour le Dieu de Jacob ;

Et ce fut Salomon qui lui bâtit une maison,

Mais le très-haut n'habite pas dans ce qui est fait de main d'homme, comme le dit le prophète.

Alors Salomon assembla à Jérusalem les anciens d'Israël et tous les chefs des tribus, les chefs des familles des enfants d'Israël, pour transporter de la cité de David, qui est Sion, l'arche de l'alliance de l'Eternel.

Tous les hommes d'Israël se réunirent auprès du roi pour la fête, qui se célèbre le septième mois.

Le roi Salomon et toute l'assemblée d'Israël convoquée auprès de lui se tinrent devant l'arche. Ils sacrifièrent des brebis et des bœufs, qui ne purent être comptés, ni nombrés, à cause de leur muntitude.

Il y avait dans l'arche que les deux tables que Moïse y plaça en Horeb, lorsque l'Eternel fit alliance avec les enfants d'Israël, à leur sortie d'Egypte.

Et ce sera ainsi détaillé le contenu des versets ci-dessus lesquels pouvaient nous renseigner sur l'élément arche et sa présence durant le périple générationnel et migratoire du peuple d'Israël qualifié de celui de Dieu sous l'ancienne alliance ou doctrine.

L'arche finira par bénéficier d'un siège de résidence sous le règne du roi Salomon, et ce sera à l'intérieur du temple physique et périssable que ce dernier aura le privilège d'élever en l'honneur de Dieu très-haut.

Il sera aussi mentionné à travers les saintes écritures qu'il n'y aura à ce stade de leur vie, que les deux tables de loi remises à Moïse dans l'arche, où figuraient autrefois, non seulement ces deux tables, mais aussi la verge d'Aaron qui avait fleuri et quelques morceaux de la manne dont ils s'étaient alimentés dans le désert.

Nous ne souhaitons pas trop nous appesantir sur ces aspects de l'arche au risque de sortir de notre cadre d'études strictement réservé au caractère illustratif.

Mais en revenant à notre étude de cas dans ce développement, les saintes écritures nous offriront une autre visage de l'arche à travers les enseignements de la nouvelle alliance ou doctrine susceptible de faire une lecture entièrement différente de celles que nous avions observé jusqu'à ce niveau de notre travail, et ce sera l'occasion pour nous d'aborder l'étape relative à la description de l'arche sous la nouvelle doctrine ou alliance.

Etude de la description de l'arche de l'alliance (nouvelle doctrine).

Vu la composition plus ou moins complexe de l'arche présentée sous la nouvelle alliance ou doctrine laquelle nous le rappelons, traduit l'image de la personne de l'adorateur en fonction de type relationnel d'adoration qu'elle entretient avec Dieu, et dans le cas d'espèce, de la nouvelle alliance ou doctrine, il nous revient de souhaitable, de nous référer au contenu biblique conséquent.

Réf bibliques : Hébreux : 9 V 2 - 4.

Un tabernacle fut, en effet, construit. Dans la partie antérieure, appelée le lieu saint , étaient le chandelier, la table, et les pains de proposition.

Derrière le second voile se trouvait la partie du tabernacle appelée le saint des saints,

Renfermant l'autel d'or pour les parfums, et l'arche de l'alliance, entièrement recouverte d'or.

Il y avait dans l'arche un vase d'or contenant la manne, la verge d'Aaron, qui avait fleuri, et les tables de l'alliance.

Ainsi, se présente le contenu des versets ci-dessus lesquels nous offrent un détail clair sur l'arche, révélée sous la nouvelle alliance ou doctrine.

C'est le lieu de rappeler que les choses étant ainsi disposées, traduisaient dans un premier temps, le corps de notre seigneur et sauveur Jésus-Christ et un second temps, celui du croyant ou adorateur de la nouvelle alliance ou doctrine.

On notera à cet effet, à la différence de la description précédente de l'arche, la présence d'un vase d'or, qui nécessite une attention particulière pour des enseignements à la hauteur de ce qu'il représente.

Ainsi, pour éviter la répétition presque de tout ce qui avait été déjà décrit un peu plus haut, il paraît intéressant de constater la présence des éléments tels que : la verge d'Aaron qui avait fleuri, et les tables d'alliance, non à l'intérieur de directement de l'arche comme ce fut cas des premières images, mais dans un vase d'or.

Ce vase ne sera pas réalisé ayant du bois en son intérieur comme c'est le cas de l'arche, mais uniquement en or, ce qui traduit la doctrine de la vérité ou la foi, toujours nécessitant des ministres ou sacrificateurs représentés par la verge d'Aaron et justice de Dieu représentée les tables d'alliance et antérieurement symbolisées par les lois, de la liberté et de l'interdit, données à Adam sous forme d'instructions à l'intérieur du jardin d'Eden.

l'Eternel Dieu ne supprimera ni n'abolira pas la loi d'après les dires du seigneur Jésus et nécessite une bonne appréhension du croyant pour pouvoir partager et vivre la nature juste , sainte et parfaite de Dieu. Ce que le seigneur et sauveur Jésus-Christ viendra dans les derniers temps faire au nom des humains afin de rendre possible leur réconciliation avec Dieu leur créateur et sauveur.

Réf bibliques : Mathieu : 5 V 16 - 17 ; Jean : 19 V 30 ; Romains : 10 V 4.

Ne croyez pas que je sois venu pour abolir la loi ou les prophètes ; je suis venu, non pour abolir mais pour accomplir.

Car, je vous le dis en vérité , tant que le ciel et la terre ne passeront point, il ne disparaîtra pas de la loi un seul trait de lettre, jusqu'à ce que tout soit arrivé.

Quand Jésus eut pris le vinaigre,, il dit : Tout est accompli.

Et baissant la tête, il rendit l'esprit.

Car Christ est la fin de la loi, pour la justification de tous ceux qui croient.

Ainsi, à partir du contenu des versets ci-dessus, nous découvrons combien l'avènement du seigneur et sauveur Jésus-Christ était important pour réussir là où l'humanité toute entière en la personne d'Adam vaincu par le péché avait échoué face à l'observation de la loi pour acquérir la justice de Dieu.

On parlera de l'œuvre de la rédemption de Jésus-Christ ou l'Evangile ou encore le message de la réconciliation de l'homme avec Dieu ou encore la vérité évangélique administrée au moyen de la doctrine de la foi ou la justice et fondée sur la loi de la liberté ou la grâce.

Cette doctrine comme l'ancienne va nécessiter des ministres pour son exercice lesquels seront considérés comme des croyants justifiés et non pécheurs et prêchant la vérité incarnée par le seigneur Jésus-Christ.

Réf bibliques : Romains : 3 V 21 - 24.

Mais maintenant, sans la loi est manifestée la justice de Dieu, à laquelle rendent témoignages la loi et les prophètes.

Justice de Dieu par la foi en Jésus-Christ pour tous ceux qui croient. Il n'y a point de distinction.

Car tous ont péché et sont privés de la gloire de Dieu ;

Et ils sont gratuitement justifiés par sa grâce, par le moyen de la rédemption qui est en Jésus-Christ.

Nous avons ci-dessus en contenu, les versets soulignant le caractère inséparable de la loi et la grâce, ou la croyance et la foi pour l'atteinte des objectifs de Dieu sur la vie de l'homme. Et ce sera sur ces mots que nous mettons terme au symbolisme de l'arche sous la nouvelle alliance ou doctrine.

Et comme à notre habitude, nous avons encore nombre éléments disponibles à apporter, mais on préfère s'arrêter ici et maintenant afin de préserver les intelligences moins affermies d'être mélangées par une mauvaise compréhension de ces riches révélations.

Conclusion :

Nous estimons juste et agréable aux yeux de l'Eternel notre Dieu à travers Jésus-Christ notre sauveur, d'adresser nos sincères félicitations à l'endroit de nous-mêmes avec un cœur soumis et un esprit dévoué aux choses cachées et révélées par le Saint-Esprit sans l'aide de qui, nous ne serions en mesure d'aucun résultat susceptible d'éclairer et d'illuminer les cœurs de nos différents lecteurs en général et nos partenaires de lecture en particulier.

En effet, nous avions reçu la grâce de présenter au travers de cette œuvre littéraire les différentes doctrines que la Bible offre aux croyants de tous ordres en prévention des risques de se retrouver dans les griffes des faux serviteurs de Dieu par le moyen de leur ruse et séduction.

Et pour rappel, nous avions fait cas de quatre différentes doctrines au total, dont deux officiellement reconnues par le Seigneur et une approuvée par le Saint-Esprit.

Nous avions aussi essayer de réduire en sens unique les expressions telles que : alliance, doctrine, ministère et culte pour ne citer que celles-là afin de rendre plus légère et souple la sagesse divine à transmettre, et cela en considération de toutes différentes catégories de croyants qui auront l'opportunité de croiser et de se procurer de telle richesse littéraire.

Ce qui est davantage intéressant pour s'offrir un tel ouvrage est le caractère très riche de son contenu à délivrer facilement de la conscience distraite religieuse pour une véritable conversion à Dieu dans une nouvelle relation non religieuse mais amicale de paix et de joie spirituelle, clés de d'assurance et de victoire face aux défis des temps qui courent et qui n'arrêtent d'oppresser la conscience des croyants non affermis et convaincus.

Nous finissons en retournant toute la gloire à celui qui peut tout, même au-delà de ce que nous pensons et imaginons. Jésus-Christ est Seigneur.

I want morebooks!

Buy your books fast and straightforward online - at one of world's fastest growing online book stores! Environmentally sound due to Print-on-Demand technologies.

Buy your books online at
www.morebooks.shop

Achetez vos livres en ligne, vite et bien, sur l'une des librairies en ligne les plus performantes au monde!
En protégeant nos ressources et notre environnement grâce à l'impression à la demande.

La librairie en ligne pour acheter plus vite
www.morebooks.shop

info@omniscriptum.com
www.omniscriptum.com

Printed by Books on Demand GmbH, Norderstedt / Germany